Ce petit livre sur le fils de
Napoléon est le plus touchant
que puissent lire les admirateurs
du père et les amis du fils

MES RELATIONS

AVEC

LE DUC DE REICHSTADT

MES RELATIONS

AVEC

LE DUC DE REICHSTADT

PAR

Le Comte de PROKESCH-OSTEN

Ancien Ambassadeur d'Autriche.

MÉMOIRE POSTHUME TRADUIT DE L'ALLEMAND

PARIS

E. PLON ET Cⁱᵉ, ÉDITEURS,

10, rue Garancière.

—

1878

Le présent opuscule est tiré du 1er volume des œuvres posthumes de mon père (*Mein Verhaeltniss zum Herzog von Reichstadt*, etc., Stuttgart, Spemann, 1878). Par le titre qu'il porte et par les souvenirs qu'il réveille, il m'a paru appelé à inspirer un légitime intérêt au lecteur français, qui réserve toujours un accueil si sympathique aux écrits sincères, susceptibles de jeter une lumière nouvelle sur un grand nom ou sur une grande cause.

Ce sont ces considérations qui m'ont engagé à publier la présente traduction, sans autre prétention que celle de faire disparaître une difficulté de langue qui aurait nécessairement réduit la popularité éventuelle de ce mémoire.

A. DE PROKESCH-OSTEN.

AVANT-PROPOS

Peu de semaines après la mort du duc de
Reichstadt, pénétré du charme irrésistible
que sa personnalité avait exercé sur moi,
et attristé par les faux bruits qui couraient
au sujet de sa situation, et même sur son
compte, parmi les personnes qui n'avaient
pu l'approcher, je crus devoir lui consacrer
quelques pages. Ces pages parurent pour la
première fois à Fribourg, chez Herder, et
furent ensuite insérées dans le quatrième
volume de mes écrits, réunis par les soins
d'un ami et publiés en 1842, à Stuttgard,
chez Hallberger. Des considérations qui

n'existent plus aujourd'hui m'empêchè-
rent à cette époque d'y joindre trop ouvertement le récit de mes rapports personnels
avec le duc, et de fournir ainsi la preuve
de la justesse de mes appréciations. Je
viens donc maintenant réparer cette omis-
sion ; mais la vigueur de la jeunesse , qui
me faisait alors trouver le langage voulu
pour esquisser le portrait de ce prince en
traits dignes de lui, s'est évanouie, je ne
le sens que trop bien , sous le poids des
années et des événements.

Aussee, août 1876.

Comte DE PROKESCH-OSTEN.

MES RELATIONS

AVEC

LE DUC DE REICHSTADT

PAR

LE COMTE DE PROKESCH-OSTEN

———

Mon enfance et mon adolescence s'étant
écoulées pendant la période où mon pays
luttait contre le despotisme napoléonien,
j'avais senti grandir en moi tout à la fois
et la haine de ce régime et l'étonnement
que faisaient naître l'énergie et l'ascen-
dant du redoutable empereur. Je me laissai sans peine gagner à l'enthousiasme pa-
triotique de 1813, si bien que, me trouvant
alors avoir atteint ma dix-huitième année,
je pris part, ainsi que tant d'autres de
mes camarades de jeunesse, à la lutte qui

déjà à ce moment était arrivée à son paroxysme. Mais quand, l'année suivante, nous dûmes arborer à côté des couleurs nationales la cocarde blanche, je ne le fis qu'à contre-cœur, et ce fut avec bonheur que je la lançai dans les flots du Rhin, lorsqu'aux premiers jours de juin 1814, à notre sortie de France, nous traversâmes le pont de Mannheim, et que nous eûmes la joie de fouler de nouveau le sol de l'Allemagne. Toute la troupe où je servais en fit autant. Le retour des Bourbons m'apparut comme un anachronisme et comme un acheminement à de nouvelles révolutions ; le renversement de Napoléon, comme une faute et, de la part des puissances, comme un manque de confiance dans leurs propres forces que rien ne justifiait.

L'année d'après, qui prouva d'une manière éclatante ce que cet homme à lui seul pouvait en France, ne changea en rien ma manière de voir. En outre, je me sentis froissé dans mes sentiments en voyant que la médiocrité et l'arrogance s'acharnaient sur le prisonnier rivé au rocher de Sainte-Hélène et qu'on en venait jusqu'à contester ses talents de grand capitaine. C'est sous cette impression que j'adressai à la *Revue militaire autrichienne* un mémoire ayant pour titre : *les batailles de Ligny*, *de Quatre-Bras et de Waterloo* (1). Publié dans le cours de 1818, ce mémoire fut accueilli par l'armée et surtout par ses chefs les plus renommés avec un intérêt auquel on était loin de s'attendre.

Le duc de Reichstadt était alors pour moi, de même que pour tous les cercles de la société viennoise, une de ces apparitions aussi attrayantes que sympathiques. Néanmoins je n'avais eu jusque-là aucune occasion de l'approcher. Or, précisément vers ce temps, ma destinée me

_____

(1) Opuscules du chevalier Antoine de Prokesch-Osten, volume Iᵉʳ, pages 1 à 196. Stuttgard, Hallberger, 1842.

conduisit à Trieste, puis au milieu des
combats où la Grèce versait son sang à
flots sur le continent et dans les îles, enfin
à Constantinople, dans l'Asie Mineure, la
Syrie, l'Égypte et la Nubie. Après six
années d'absence, je revins dans ma patrie
où je trouvai un accueil plein de bienveillance et de considération. A cette époque où aucun navire à vapeur n'avait encore sillonné les mers du Levant, des
voyages dans des contrées aussi éloignées,
la participation à des événements qui,
comme les luttes des Grecs contre les Turcs,
avaient le privilége de passionner au plus
haut point les esprits, étaient regardés
presque comme un mérite, et il en rejail-
lissait un certain éclat sur celui qui les
avait accomplis.

Ma ville natale, Gratz, me fit notam-
ment une réception des plus flatteuses,
lorsqu'au mois de juin 1830, j'allai y pas
ser quelques semaines pour y voir des parents et des amis, ainsi que pour retrou

ver ces lieux tout pleins encore des plus doux souvenirs et qui avaient été le théâtre de ma première jeunesse.

A cette même époque, la cour vint aussi résider à Gratz, et le 22 du même mois, j'eus l'honneur d'être invité à la table impériale; placé en face de l'Impératrice, j'avais à côté de moi le duc de Reichstadt, assis vis-à-vis de l'Empereur. Ce beau et noble jeune homme aux yeux bleus et profonds, au front mâle, aux cheveux blonds et abondants, le silence sur les lèvres, calme et maître de lui-même dans tout son maintien, fit sur moi une impression vraiment extraordinaire.

J'eus un pressentiment pareil à celui dont est saisi l'adolescent à qui il arrive de rencontrer pour la première fois la jeune fille à qui il donnera son cœur. Je n'échangeai avec lui que quelques paroles timides, pendant tout le temps que nous fûmes à table; car l'Impératrice et mon vieux protecteur, l'archi-

duc Jean, ne se lassaient point de me
faire raconter ce que j'avais vu et appris
dans les pays étrangers qu'on regardait
alors comme si lointains. Bien mieux,
après le dîner, ils me retinrent encore plusieurs heures, et lorsqu'on me permit enfin de me retirer, le duc de Reichstadt eut
à peine le temps de me jeter ces quelques
mots : « Vous m'êtes connu depuis longtemps », et il me pressa la main comme si
nous eussions été de vieilles connaissances.
Cette poignée de main était, en réalité, un
gage pour l'avenir. Elle ne pouvait avoir
été donnée que dans ce sens, et je n'y
attachais aucune autre idée.

Le lendemain matin, le comte Maurice
Dietrichstein, à qui l'éducation du duc
était confiée, vint chez moi. Le comte
m'avait témoigné de la bienveillance dès
l'époque où la faveur de la maison prin-
cière de Schwarzenberg m'avait soutenu.
Il réitéra le reproche déjà formulé la veille,
à savoir que, bien que, je fusse depuis une

semaine dans la même ville, j'avais né-
gligé le duc.

Le comte me proposa de me conduire à
l'instant même auprès du jeune prince.
Je le suivis avec plaisir. A mon entrée, le
duc, dont l'attitude ne ressemblait en rien
à celle de la veille, accourut au-devant de
moi avec toute la pétulance de la jeunesse,
le regard animé et plein de confiance.
Répétant les paroles du jour précédent, il
s'écria : « Vous m'êtes connu, et je vous
aime depuis longtemps. Vous avez défendu
l'honneur de mon père à un moment où
chacun le calomniait à l'envi. J'ai lu votre
mémoire sur la bataille de Waterloo, et,
pour mieux me pénétrer de chaque ligne,
je l'ai traduit par deux fois, d'abord en
français, puis en italien. » Je répondis
dans les termes que m'inspira le désir de
me lier étroitement avec ce beau jeune
homme si délaissé dans ce monde. Le
comte Dietrichstein amena ensuite la conversation sur la Grèce. Formant les vœux

les plus ardents pour la prospérité de ce
peuple, appelé désormais à vivre de nouveau de sa propre vie, j'avais déjà la veille,
après le dîner avec la famille impériale,
soutenu l'opinion que, malgré les conditions défavorables résultant de la guerre,
de l'anarchie, des factions, d'une mau-
vaise administration, la Grèce, si on lui
donnait pour roi un prince d'une dynastie
européene, et si son organisation n'était
pas l'œuvre de l'insuffisance diplomatique,
marcherait très-rapidement vers un floris-
sant avenir. En présence de l'archiduc
Jean, du comte Maurice, du colonel de
Werklein, intendant de l'archiduchesse
Marie-Louise, j'avais, profitant d'un moment où le duc de Reichstadt était occupé
ailleurs, glissé dans le cours de la conversation l'idée que le trône de Grèce,
manquant de prétendants depuis le refus
du prince de Cobourg, ne pourrait être
donné à un plus digne que le fils de
Napoléon. Cette proposition avait, à ma

grande surprise, reçu l'approbation générale. L'Impératrice elle-même, qui, durant cette conversation, s'était rappro-
chée de nous, n'y paraissait pas opposée.
J'avais émis cette idée sans savoir encore
qu'elles étaient les vues du prince de Metternich; toutefois, dès 1825, j'avais eu connaissance de la déclaration faite par ce
diplomate à Saint-Pétersbourg : « De
deux choses l'une : ou les Grecs seront de
nouveau soumis à la Porte, et il leur sera
accordé l'autonomie administrative ; ou
une Grèce indépendante sera constituée de
telle sorte qu'elle ne soit pas nécessairement
l'ennemie de la Porte. » Or, le comte
Maurice m'ayant fourni dans cette même
matinée une fois de plus l'occasion de
parler de la Grèce, le duc eut bientôt
deviné ma pensée et prit feu à mes paroles. Nous fûmes à ce moment interrompus
par le général prince de ***. Comme on
l'engageait à rester, je voulus prendre
congé; le duc insista auprès de moi : « le

général, me dit-il, ne s'arrêtera qu'un instant et, je serais bien fâché de vous perdre
sitôt. » Je demeurai. Le prince de *** ne tarda pas à se retirer, éconduit par le laco-
nisme du duc. Alors le comte Dietrichstein amena la conversation sur Napoléon.
Le duc parla avec une grande animation.
On sentait dans chacune de ses paroles la
plus chaleureuse admiration, l'attachement le plus profond pour son père ; toutefois il appuyait de préférence sur ses talents militaires. Le prendre pour modèle
et devenir de la sorte un grand capitaine,
sur ce point il était tout feu, tout flamme.
Nous discutâmes plusieurs des manœuvres
de l'Empereur, entre autres celle d'Auster-
litz. Je fus surpris du jugement stratégique du prince et de la justesse de ses ex-
pressions. Parmi tous les officiers et tous
les généraux qui se trouvaient alors à
Gratz, il n'y en avait, certes, pas un qui
eût le coup d'œil militaire plus pénétrant
et qui fût doué d'aptitudes plus pronon-

cées pour le commandement en chef. Il revint non-seulement sur le récit que j'avais
publié de la bataille de Waterloo, mais
aussi sur « les faits mémorables de la vie
du feld-maréchal prince Charles de
Schwarzenberg (1). »

Le duc les apprécia avec une sagacité
qui m'étonna. Puis il se plaignit de son
isolement, et il épancha son âme en ces
mots : « Restez auprès de moi ; sacri-
fiez-moi votre avenir, restez auprès de
moi ! Nous sommes faits pour nous comprendre ! » Il s'exprimait avec tant de
chaleur que j'en fus touché jusqu'au fond du
cœur. Puis il continua : « Si je suis appelé
à devenir pour l'Autriche un autre prince
Eugène, la question que je me pose
est celle-ci : comment me sera-t-il possible de me préparer à ce rôle ? Je me
sens hésitant devant le choix d'un homme
capable de m'initier aux hautes exigences

(1) Vienne, Braumüller, nouvelle édition, 1861.

et aux nobles devoirs de la carrière militaire. Je n'ai et je ne vois aucun homme
de ce mérite dans mon entourage. » Le
comte Dietrichstein fut témoin de cette
sortie, et parut la trouver naturelle et
juste. Je reprochais au duc, en lui ser-
rant cordialement la main, de juger avec
trop de précipitation.

Il accepta mon blâme sans s'en offenser,
de même que je le lui avais adressé sans
intention blessante, et il m'écouta avec
déférence quand je lui exprimai le doute
que je ressentais au sujet de ma capacité.
Notre entretien fut interrompu par le
général comte de Leiningen, qu'il ne pouvait se refuser à recevoir. Mais, cette
fois encore, il ne me laissa pas partir,
et, dès que le comte fut sorti, il reprit la
conversation sur les faits d'armes de son
père. Comme il fallait présenter mes
hommages à sa mère, l'archiduchesse
Marie- Louise, je ne pouvais guère m'at-
tarder plus longtemps ; je l'en prévins et

pris congé de lui. Il y avait une demi-
heure à peine que j'étais chez l'archiduchesse quand le duc s'y rendit pareille-
ment. Sa mère l'accueillit avec tendresse ;
il l'embrassa, lui, d'un air plutôt grave.
La conversation roula sur son enfance.
Il désirait avoir de moi des renseignements plus précis au sujet du colonel
Sèves, qui, en mars 1814, l'avait accompagné de Paris à Blois, et que j'avais
rencontré, en avril 1828, à Modon, chez
Ibrahim-Pacha. Je dus lui raconter ce
que le colonel m'avait appris touchant
cette fuite fatale. Nous nous quittâmes
comme deux hommes qui ont la conviction que rien ne pourra jamais les sé-
parer.

Le lendemain, c'est-à-dire le 24 juin,
j'adressai au comte Dietrichstein les lignes
suivantes : « J'ai été on ne peut plus
« agréablement impressioné de l'esprit,
« des connaissances et du jugement dont
« a fait preuve, dans l'entretien d'hier,

« votre auguste élève ; j'ai donc le pro-
« fond regret d'avoir, dans le passé, né-
« gligé l'occasion d'une entrevue qui
« m'honorait et m'enchantait autant que
« celle d'hier. Quand on porte un aussi
« grand nom et que, dès l'enfance, on se
« sait appelé à de si hautes destinées ;
« quand, en outre, on est aussi bien doué
« que Son Altesse et que l'on vit dans des
« temps pareils aux nôtres, c'est qu'on est
« désigné par la Providence pour de gran-
« des choses. Les hommes ordinaires, quel
« que soit le rang où les ait placés la
« naissance, n'ambitionnent et n'accom-
« plissent que des choses communes. Mais
« les hommes hors ligne, et parmi ceux-ci
« j'oserai compter l'éminent élève de Votre
« Excellence, ont des devoirs envers la so-
« ciété et l'histoire, auxquels il ne leur est
« pas permis de se soustraire. J'aspire au
« moment où il me sera donné de renou-
« veler ma visite d'hier, et je ne souhaite
« rien plus ardemment que de maintenir

« Son Altesse dans l'opinion qu'elle s'est
« formée de moi et à laquelle notre entre-
« tien de la veille, ainsi que l'idée favo-
« rable qu'elle a pu concevoir du contenu
« de quelques-uns de mes écrits militaires,
« ne pourront certes contribuer que dans
« une faible mesure. Veuillez agréer avec
« mes meilleures salutations, etc. »

En réponse à cette lettre, je reçus une
invitation des plus amicales pour le lendemain matin. Celle-ci se croisa avec les
ordres très-gracieux de S. M. l'Empereur, qui m'appelait auprès de lui dans
la même matinée. A mon arrivée, j'aperçus tant de personnes qui attendaient dans
les antichambres que je me crus autorisé
à satisfaire mon impatience de voir le duc.
Je me rendis d'abord dans ses appartements, bien qu'il ne fût encore que huit
heures du matin. Je le trouvai habillé et
prêt à monter à cheval pour faire un tour
de promenade, auquel il renonça, pour
m'être agréable. Nous nous entretînmes

avec tout l'abandon de gens qui se com-
prennent. Je lui exprimai de nouveau
mon désir de le voir prétendre au trône de
Grèce, libre à lui de fixer les conditions
qu'il jugerait à propos. Cette idée lui
souriait ; mais je m'aperçus clairement
que ses vœux et ses espérances tendaient
plus haut. Il cherchait, du reste, à s'abuser
lui-même, en prétextant qu'il était trop
jeune de quelques années pour porter la
couronne hellénique, et en paraissant
craindre qu'on ne voulût pas le laisser
gouverner seul. Puis, brusquement, il
revint avec un intérêt marqué sur les
devoirs et les qualités du commandant en
chef. Son œil brillait, ses joues étaient en
feu.

Le comte Dietrichstein nous ayant
laissés seuls quelques instants, le jeune
prince me saisit vivement les deux mains.
« Parlez-moi franchement, s'écria-t-il.
« Ai-je quelque mérite, et suis-je appelé à
« un grand avenir, ou n'y a-t-il rien en

« moi qui soit digne qu'on s'y arrête ?
« Que pensez-vous, qu'espérez-vous de
« mon avenir ? Qu'en sera-t-il du fils du
« grand empereur ? L'Europe supportera-
« t-elle qu'il occupe une position indépen-
« dante quelconque ? Comment concilier
« mes devoirs de Français avec mes de-
« voirs d'Autrichien ? Oui, si la France
« m'appelait, non pas la France de l'anar-
« chie, mais celle qui a foi dans le prin-
« cipe impérial, j'accourrais, et si l'Europe
« essayait de me chasser du trône de mon
« père, je tirerais l'épée contre l'Europe
« entière. Mais y a-t-il aujourd'hui une
« France impériale ? Je l'ignore !

« Quelques voix isolées, quelques voix
« sans influence, ne peuvent être d'aucun
« poids. Des résolutions aussi graves mé-
« ritent et exigent des bases plus solides.
« Si c'est ma destinée de ne jamais ren-
« trer en France, je désire sérieusement
« devenir pour l'Autriche un autre prince
« Eugène. J'aime mon grand-père ; je

« sens que je suis un membre de sa fa-
« mille, et pour l'Autriche je tirerais vo-
« lontiers l'épée contre le monde entier,
« hors la France. » Il me parlait comme on
parle à un confesseur, et je reçus de même
ses confidences. C'étaient là des projets,
certes, très-légitimes en eux-mêmes et qui
ne pouvaient devenir dangereux que dans
une seule hypothèse, dont la réalisation
n'avait, à la vérité, rien d'impossible,
mais paraissait tout au moins très-éloi-
gnée. Une fois de plus, il donna libre
cours à ses sentiments d'affection filiale.
Il dit que personne n'avait compris son
père ; que c'était chose digne de pitié,
que c'était une calomnie de ne donner à
ses actes d'autre mobile que l'ambition ;
que sa vie entière et toute sa conduite
avaient été dictées par les grands et salu-
taires projets qu'il avait conçus pour le
bonheur de l'Europe ; que l'Autriche, en
particulier, l'avait méconnu et avait méconnu ses propres intérêts à elle ; qu'elle

avait fait le jeu des Russes. Le duc ajouta
qu'il ne désirait rien tant que de gagner
contre ceux-ci ses éperons. Il parlait avec
chaleur, mais aussi avec cette franche et
intime conviction du jeune âge. Puis,
entendant la voix du comte Dietrichstein
dans la chambre voisine, il changea brusquement de sujet pour m'adresser cette
question : « Quel souvenir est-il resté de
mon père en Égypte ? — Le souvenir
d'une grande figure, répondis-je. — Je
comprends cela, si vous parlez d'Ibra-
him, du vice-roi; mais les populations?
— Celles-ci ne sont pas encore reve-
nues de leur surprise; cet étonnement,
toutefois, n'a été suivi d'aucune irri-
tation, car les Arabes et les Turcs, bien
qu'ayant la même foi, ne s'entendent
pas entre eux, et à un joug pesant
en a succédé un plus pesant encore.
— Oui, c'est là une explication; mais les
masses ne voient dans un grand homme
qu'un phénomène de la nature, un mé-

téore qui brille un instant et s'éclipse aussitôt. »

A ce moment il s'écria de nouveau : « Ah ! si vous restiez auprès de moi ; mais devant vous s'ouvre une voie semée de riantes perspectives capable de vous tenter. » Je lui serrai la main en lui disant : « Nous parlerons de cela plus tard. » Et nous nous séparâmes après nous être embrassés.

Trois jours à peine après cette entrevue, et comme dans l'intervalle je n'avais pu rencontrer le duc que dans des circonstances peu propices, j'eus avec lui un entretien particulier qui dura plus de deux heures. Le matin de ce jour-là, le comte Dietrichstein était venu me faire visite et s'était plaint à moi, avec des bouderies de mère, de l'entêtement du duc et de son aversion pour toute autre étude que l'art militaire et les mathématiques ; n'y avait-il pas jusqu'à l'orthographe allemande qu'il ne lui prît fantaisie de

traiter à sa façon. Le comte reconnaissait que son élève avait un bon caractère, qui, toutefois, se roidissait par
indocilité et orgueil. Le duc, auquel je
fis part, dans la mesure où je le crus utile,
de ces reproches, rendit une entière justice
au comte, surtout à son excellent cœur,
mais en somme ne loua pas en lui autre
chose. Il avait sur son entourage une opinion bien arrêtée, et il me parla de l'Empereur et de la cour franchement et sans
prévention, avec l'accent d'un cœur droit,
mais aussi d'une intelligence sûre d'elle-
même. Il aimait son grand-père d'amour
filial ; car, depuis le jour où tout enfant il
fut amené à Vienne, il avait trouvé en
lui la tendresse d'un père. Il avait pour
jouer son petit coin dans la chambre de
l'Empereur, passait la moitié des journées
à ses côtés, mangeait avec lui quand l'Empereur dînait seul, partageait avec lui les
plaisirs de la villégiature, enfin grandis
sait auprès de lui, pareil à la branche

greffée sur une souche étrangère. Il me
raconta tout cela ; mais il ajouta qu'il
n'avait pas oublié un seul instant de qui il
tenait le jour, et en quel lieu reposaient les
cendres de son père. Il me peignit la cour
sous des couleurs souvent peu favorables,
ne louant, à vrai dire, que le caractère,
le jugement, le cœur, la tenue de l'archiduc Jean. Il m'était impossible de
contester la justesse de ses appréciations. Sur beaucoup de gens il pensait
précisément comme moi, et, dans son for in-
térieur, il ne transigeait pas plus que moi.

Pareil au voyageur altéré qui soupire
après une source d'eau vive, il avait soif
d'informations sur la situation de l'Europe.
Je lui dis là-dessus tout ce que je savais et
pensais. Encore que dans mon opinion la
chute de Charles X fût inévitable, j'étais
loin de m'attendre à ce qu'elle serait
aussi prochaine ; quant à Louis-Philippe
et à la branche cadette, je n'y songeais
même pas.

Je croyais bien plutôt à une période
d'anarchie, du sein de laquelle surgirait
le nouveau gouvernement. A qui ce gouvernement tomberait-il en partage ? Se-
rait-ce au parti-napoléonien ? Ce point
échappait à mon jugement. Je ne pus
donner au duc d'autres conseils que de
fortifier son jugement par la lecture de
l'histoire des temps passés, pour être à
même d'apprécier les événements contemporains ; d'apprendre ainsi à distinguer la réalité et la vérité des apparences
et des illusions, surtout, en méditant l'histoire de son père, de se rendre compte de
la situation actuelle du monde, laquelle
renferme en germe le prochain avenir qui
en sortira en vertu de l'irrésistible logique
des choses ; de plus, de faire valoir sa personne dans l'armée et dans les sphères diplomatiques, d'attirer auprès de lui des
hommes capables et de grande expérience
dont je lui nommai plusieurs, enfin, de
s'éclairer par tous les moyens possibles sur

là situation intérieure de la France. Par un geste de la main, il m'indiqua sa collection de livres, renfermant plusieurs centaines de volumes. C'étaient des œuvres historiques et des mémoires ayant tous trait à la guerre et à son père.

Il augmentait de jour en jour ce précieux trésor ; ce à quoi on ne mettait aucun obstacle. Je lui promis de choisir parmi ces ouvrages les meilleurs, d'être pour lui un ami des plus dévoués et de compléter par mes réflexions les observations que lui suggérerait l'état général de la politique ; je le priai enfin de ne pas confondre des désirs légitimes avec des désirs réalisables, mais aussi de ne jamais perdre ceux-ci de vue. Il fut si bien entraîné par son jeune enthousiasme qu'il m'appela *son Posa* (1). Je lui répondis : « Voilà bien le langage d'un jeune homme de vingt ans. Y a-t-il quelque

(1) Allusion à la tragédie *Don Carlos* de Schiller.

consistance dans cette volonté? C'est ce
que, pour le moment, il m'est difficile
de savoir. » Ma défiance parut le cha-
griner. Il m'embrassa, en me disant :
« Vous avez raison, je ne mérite pas
que vous voyiez en moi le fils de Napoléon. » Je le consolai par ces mots :
Votre *Posa*, oui, à la condition que vous
n'imitiez pas don Carlos ; je le serai pour
toute votre vie, et je l'espère, pour une
vie glorieuse. » Il passa en revue toute la
série des démarches à entreprendre pour
qu'une fois sa maison militaire constituée,
je pusse être attaché à sa personne.

Nous avions à cet égard du temps devant nous. Il pensait arriver à ses fins
par son grand-père, l'Empereur. Je l'au-
torisai à faire dans ce but tout ce qu'il
pourrait. Quant à lui, il ne doutait pas
de la réussite.

Le comte Maurice vint le lendemain
matin m'exprimer de nouveau le vif désir
du duc de me voir, attendu que le départ

de l'Empereur était imminent. Le comte
me laissa seul avec le duc. Celui-ci me
raconta que, la veille, il avait continué
à lire pendant plusieurs heures après que
je l'avais quitté les œuvres de Plutar-
que et de César. Il me parut avoir réfléchi
et envisager plus nettement sa situation
réelle. Je lui dis alors : « Vous devez per-
sister à mettre votre vie au service des
intérêts de votre seconde patrie. Partout on est indifférent à l'égard de l'Au·
triche, si même on ne lui est hostile.
S'il arrive que l'Empereur meure, des
temps difficiles viendront fondre sur
l'Autriche. L'occasion ne vous man —
quera pas alors de vous distinguer par
des actions d'éclat. » Il me répondit:
Mon cœur est loin d'être ingrat envers
l'Autriche ; mais il me semble qu'une fois
assis sur le trône de France, je pour-
rais prêter à mon pays adoptif un appui autrement efficace qu'en me bor—
nant à marcher sur les traces du prince

Eugène. Si je me suis prononcé pour ce
dernier rôle, c'est afin qu'on m'ouvre la
carrière des armes, la seule qui con-
vienne au fils de Napoléon. Et si jamais
je viens à acquérir la moindre gloire
militaire, ce sera un pas de plus fait
vers le trône. Je ne puis être un aven-
turier, ni ne veux devenir le jouet des
partis. Il faut que la situation s'éclair-
cisse en France avant que je consente
à y mettre le pied. Pour le moment,
ma tâche consiste à me rendre capable de commander une armée. Je ne né-
gligerai rien de ce qui peut conduire à
ce but. On n'apprend pas la guerre
dans les livres, dit-on; mais est-ce que
toute conception stratégique n'est pas un
modèle propre à éveiller les idées? Est-
ce que chaque résolution à laquelle s'arrête un grand capitaine dans une situation critique n'est pas un enseigne-
ment? Est-ce qu'en se familiarisant avec
les récits historiques, on n'établit pas

des rapports réels et vivants, non-seulement avec les écrivains, mais avec les acteurs mêmes du grand drame de l'histoire ? »

A ce moment un coup d'œil jeté par hasard dans un journal qui donnait certaine nouvelle de Pologne lui arracha cette exclamation : « Si la guerre générale vient à éclater, si la perspective de régner en France s'évanouit pour moi, si nous sommes appelés à voir surgir du sein de ce cataclysme l'unité de la Pologne, je voudrais qu'elle m'appelât. Il serait temps encore de réparer une des plus grandes iniquités du passé. »

Je ne me dissimulai pas ce qu'il y avait de juvénile dans ce zèle enthousiaste ; mais j'abondais dans les idées du jeune prince, et je crus devoir l'entretenir dans ces sentiments, car ceux-ci fournissaient un moyen naturel et honorable de développer ses facultés. Le comte de Die-

trichstein se plaignait du peu de persévé-
rance du duc dans les études qui lui étaient
imposées; mais le fils de Napoléon, avec les
vues qu'il nourissait, les aspirations qui
agitaient son cœur, pouvait-il trouver at-
trayant le droit féodal et le code civil ?
Il s'en tenait avec passion aux fastes militaires et à l'histoire en général, ainsi qu'à
tout ce qui paraissait de nature à le préparer à une grande mission dans le monde.

Cette passion redoubla, lorsque, sur les
assurances de l'ami, il eut acquis la foi
en lui-même et dans l'avenir. C'était là
l'unique voie par laquelle il fût possible
de développer complétement son caractère. Sur ce point ses vœux étaient les
miens. J'invoque le témoignage de toutes
les époques de l'histoire d'Autriche; quoi
de plus désirable que l'alliance de la
France et de l'Autriche? Et cette alliance,
était-il possible de l'espérer avec la maison
de Bourbon ?

Je vis, pour l'Autriche, dans la per-

sonne du duc de Reichstadt, avant tout
un chef d'armée, et éventuellement un
puissant allié; je vis en lui un prince
qui aurait à cœur la grandeur et l'honneur de son peuple. Le comte Dietrichstein le disait bon, mais orgueil-
leux. J'ai trouvé en lui de la modes-
tie, mais pas la moindre trace d'orgueil.
Avec quelle candeur enfantine il m'offrait la main! comme pour solliciter mon
amitié! J'étais la première personne à qui
il se fût confié sans réserve. Si, par
crainte de me compromettre, je n'eusse
répondu à son abandon qu'à moitié et avec
crainte, je lui eusse à tout jamais brisé le
cœur.

Le jour suivant, nous nous séparâmes.
Je lui fis cadeau d'une médaille d'or
d'Alexandre le Grand, qu'il suspendit à son
cou comme souvenir d'affection. Il se rendit en compagnie de l'Empereur à Vienne
et de là à Bade; moi, je partis pour la
Suisse avec l'intention d'aller plus tard à

Kœnigswart, où le prince de Metternich
m'avait donné rendez-vous. J'appris le
1er août, à Zurich, la nouvelle que le trône
de la branche aînée des Bourbons s'était
écroulé. Les puissances, dans mon opinion, se trouvaient par ce fait placées
dans l'alternative ou de le relever, c'est-
à-dire de ramener Charles X à Paris, les
armes à la main, comme ils avaient fait
en 1814 et en 1815 pour Louis XVIII, au
risque de voir la nation le chasser de nouveau, ou bien encore, sous la réserve de
leur approbation ou de leur désappro-
bation ultérieure, d'abandonner à la
France le soin de constituer elle-même
son gouvernement comme elle l'enten-
drait, et, dans le cas où elle reviendrait à
la monarchie, de choisir en toute liberté le
souverain qu'il lui plairait de se donner.
La France pouvait vouloir le retour du
fils de Napoléon, et les puissances devaient
désirer voir monter sur le trône de France,
de préférence à un tiers, ce fils de Napo-

léon que les liens de sa naissance et son
éducation rattachaient à l'Autriche et qui
leur offrait plus de garanties qu'il ne leur
faisait courir de dangers.

Il me parut donc tout d'abord qu'il
existait dès à présent pour le duc un
terrain solide où asseoir ses espérances.
Quelques jours après, à Fribourg, j'en-
tendis prononcer le nom des d'Orléans;
mais de quel poids pouvait être ce nom ?
c'est ce dont je ne savais me rendre compte.
Il me semblait résonner peu agréablement
aux oreilles des puissances. A Nurem-
berg, je fus informé du retour du prince
de Metternich, de Koenigswart à Vienne,
et je me rendis à Berlin en passant par
Leipzig. Partout en Allemagne je trouvais qu'on formait des vœux pour le fils
de Napoléon ; mais partout aussi je me
heurtais à cette opinion que la façon
dont il avait été élevé avait étiolé son
intelligence.

A mon arrivée à Vienne, je sus que le

cabinet avait déjà pris la résolution de reconnaître Louis-Philippe.

Le duc habitait encore Schœnbrunn. Le
comte Dietrichstein vint sans retard m'inviter à me rendre à cette résidence. Il
m'informa de plus que, l'Empereur étant
sur le point de composer la maison du
duc, j'avais été, sur le désir qu'en avait
témoigné le duc lui-même, proposé pour
faire partie des officiers de sa suite, mais
que le prince de Metternich, sous un prétexte amical, avait rayé mon nom de la
liste (1).

Le prince, que je voyais cependant tous
les jours, ne m'en avait pas dit un seul
mot. Je ne pouvais me méprendre sur le
motif de son opposition, et je savais qu'il
y persisterait. Néanmoins le comte Maurice, à la prière du duc, dut risquer encore une tentative, cette fois d'abord auprès de M. de Gentz, par l'entremise

(1) Il avait dit : « Celui-là, non, j'en ai besoin
moi-même. »   (*Note de l'éditeur.*)

duquel on se flattait de faire revenir le
prince de Metternich sur sa décision.
M. de Gentz, fort bienveillant pour moi,
crut devoir enlever au comte tout espoir
de réussite. Il lui avoua donc, sans détour, que le prince n'y consentirait jamais,
et qu'aussi bien à la cour que dans le
public, c'était une opinion générale que
« je mettais dans la cervelle du jeune
prince des projets trop vastes. » Gentz
me raconta, le même soir, la conversation
qu'il avait eue. J'appris aussi par le duc
que sauf les archiducs Charles et Jean,
la cour était contre moi; sa mère elle-
même le lui avait avoué, quand il l'avait
pressée d'obtenir que je fusse attaché à sa
personne.

En revoyant le duc pour la première
fois, je l'avais trouvé en compagnie de l'un
de ses professeurs, le capitaine Foresti.
Nous restâmes, le duc et moi, dans les
termes de la politesse la plus aimable;
mais ce n'était que de la politesse; aussi

n'avions-nous pas échangé un seul mot qui
marquât la moindre intimité. Je devinai sous le voile de son calme que les
passions de l'époque troublaient profondément son âme. Une poignée de main et
sa prière de reprendre aussitôt que possible nos lectures habituelles, ce qui ne pouvait être qu'un prétexte, m'avaient permis
de pénétrer suffisamment au fond de sa pensée. Le comte Dietrichstein me parla avec
indignation du peu de soin qu'on apportait dans le choix des personnes dont on
se proposait de composer l'entourage du
duc, négligence dans laquelle il voyait
une intention et qu'il attribuait, à tort
selon moi, au prince de Metternich. Le
choix des personnes, en effet, ne dépendait
pas du prince, qui ne s'était réservé que le
droit d'opposer son *veto*. Le comte Maurice
tremblait aussi en pensant aux ardents
désirs et aux brillantes espérances du duc,
tout en les partageant au fond. Ce qui
dominait chez lui, c'était son affection

4

pour le duc, et si la Providence eût destiné le jeune prince à un grand avenir, le comte en eût été ivre de joie.

Dès que je fus enfin seul avec le duc, il se jeta dans mes bras.

Les événements l'impressionnaient, comme s'ils eussent été autant d'épisodes de l'histoire même de sa vie. Il déplora hautement la chute prématurée de Charles X. Je le consolai en lui montrant que le règne de Louis-Philippe ne serait que de courte durée, et permettrait à sa jeunesse d'arriver à la maturité. Lui-même redoutait la marche trop rapide du temps, car il ne tarda pas à s'écrier :

« Tel que vous me voyez aujourd'hui, suis-je digne du trône de mon père ? suis-je capable de repousser loin de moi la flatterie, l'intrigue, le mensonge ? Suis-je capable d'agir ? Ne me laisserai-je pas prendre à l'improviste quand viendra l'heure décisive ? » Je le tranquillisai en lui faisant précisément remarquer que la chute de Louis-Philippe, qui de toute façon me paraissait inévitable, ne s'annonçait pourtant pas comme devant avoir lieu de sitôt. Il voulut ensuite que je l'entretinsse de mon voyage.

« Répondez, mon ami, à cette question, qui est pour moi d'une importance capitale en ce moment : Que pense-t-on de moi dans le monde? Me reconnaît-on dans cette caricature que font de moi tant de feuilles, qui s'évertuent à me représenter comme un être à l'intelligence étiolée et comme estropié à dessein par l'éducation? — Tranquillisez-vous à ce sujet, lui répondis-je. Ne paraissez-vous pas tous les jours en public ? Ceux-là mêmes qui sont le moins au courant des faits peuvent-ils vous voir et ajouter foi à de pareilles fables inventées par des charlatans qui font fi de la vérité? »

Je lui racontai alors comment, en Suisse et en Allemagne, j'avais rencontré

beaucoup de personnes qui, à l'occasion
des récents bouleversements politiques de
la France, avaient songé à lui avec beaucoup de sympathie; comment, par exemple,
Rotteck (1), à Fribourg, m'avait affirmé
que, dans sa conviction, le duc de Reichstadt était l'unique gage de stabilité pour
la France, de paix pour l'Europe ; comment des personnes compétentes, dont je
lui citai les noms, se faisaient l'écho des
paroles de Rotteck. Il m'écouta avec plaisir; puis, abordant tout à coup le sujet de
sa future maison militaire, que l'on s'occupait d'organiser, il s'écria avec chagrin :
« Je ne vous aurai pas auprès de moi.
Metternich l'a refusé à ma mère; mais
un temps viendra où il faudra aussi
compter avec ma volonté. » Il discuta
ensuite l'intention qu'avait son grand-
père de l'envoyer à Prague, accompagné
de sa maison. Ce changement de rési-

(1) Célèbre historien allemand.

dence lui souriait ; il y voyait les chances
d'une plus grande liberté d'action et de
plus de facilités dans ses relations sociales.

« Il faut que je m'affranchisse, que je
voie et que je sois vu ; les stations ther-
males de la Bohême attirent du monde
de tous les points de l'Europe ; ces personnes viendront aussi à Prague. » Je
lui fis remarquer par contre que Prague, l'hiver tout au moins, n'offrait cer-
tainement pas un champ aussi vaste
que Vienne, et que le motif même qui
lui semblait plaider en faveur de Prague
me faisait pencher pour la continua-
tion de son séjour à Vienne. Approuvant
son désir impérieux « de voir et d'être
vu », je lui conseillai de solliciter de l'Empereur la permission de fréquenter les
cercles diplomatiques et les autres salons
importants de la haute société viennoise, et
d'obtenir en outre l'autorisation, maintenant que sa maison allait être formée, de
recevoir chez lui les personnages les plus

4.

distingués par leur rang, leur position ou leur mérite. Je savais que le comte Maurice serait bien disposé à cet égard, et mon langage ne faisait que répondre aux vœux du duc.

La ligne de conduite qu'il devait adopter dans le monde était pour lui facile à suivre et toute tracée. « Ici, dit-il, je ne pourrai montrer au grand jour qu'une partie de mes sentiments : mon dévouement à l'Autriche. J'ai mon point d'appui dans l'armée et non dans la famille impériale. Si l'ou déclare la guerre aux d'Orléans, je prendrai les armes contre eux. Si les armes me donnent la victoire, j'aurai pour moi le peuple français, la vraie France. »

Dans la soirée du même jour, je fis l'éloge de l'incontestable talent militaire du duc à M. de Gentz, dans le but de décider, par son entremise, le prince de Metternich à proposer d'étendre la sphère d'action militaire du duc. Moi-même,

j'essayai d'agir dans ce sens sur l'esprit
du prince de Metternich; mais celui-ci
éluda ce sujet de conversation. Je sentis
qu'il ne me restait d'autre alternative
que d'opter entre le prince et Reichstadt.
Je me décidai à m'attacher résolûment
à ce dernier. Je continuai mes visites ouvertement, voire même d'une façon os-
tensible et calculée. Dans la conversation, j'allai même jusqu'à mettre le président de la police au courant de mes relations intimes avec le duc ; il ne parut ni
approuver ni désapprouver, tout comme
avait fait le prince de Metternich.

Vers la fin d'août, le général Belliard
arriva à la cour de Vienne en qualité
d'envoyé de Louis-Philippe. Au bout de
quelques jours, il manifesta le désir de
présenter ses hommages au duc. Le
prince de Metternich s'y refusa. M. de
Gentz me fit part de la demande et du
refus comme d'un simple fait. Rien ne
m'autorisait à le rattacher à des résolu-

tions ou à des tentatives du parti napoléonien. Je n'avais alors aucune idée,
même vague, de l'organisation, de la
force et des desseins de ce parti. Or,
pour moi, cette question : la France dé-
sire-t-elle le retour du fils de Napoléon ?
question d'une importance décisive pour
toutes les espérances que la chute de
Charles X et l'avénement de Louis-Philippe avaient fait naître, demeurait sans
réponse. Ce ne fut qu'après la mort du
duc que le prince de Metternich me
donna la clef de l'attitude réservée
qu'il avait gardée alors vis-à-vis de
moi.

C'est vers cette époque que le prince de
Metternich, ayant rencontré le duc dans
l'antichambre de l'Empereur, l'invita à
venir le voir. Le duc connaissait assez le
monde pour ne pas confondre l'homme
avec le ministre. Il se rendit à cette entrevue sans confiance dans le prince, et il
ne s'attendit pas non plus à en trouver

chez celui-ci. Il se conduisit avec prudence et avec tact ; néanmoins il ne par-
vint pas à se soustraire entièrement à la
fascination que le prince savait exercer à
un rare degré sur les âmes élevées et les
intelligences d'une grande vivacité. Je
vis sur son front comme un reflet de sa
conversation avec Metternich, quand il
me dit : « C'est évident, je ne puis paraître aux yeux du monde que comme
le petit-fils de mon grand-père ; c'est
aussi l'opinion du prince. Il faut que je
cherche mon avenir dans l'armée. Moi-
même, je suis de cet avis. D'abord,
quant à la France actuelle, on ne peut
pas compter sur elle ; ensuite, il est certain que là-bas, vu mon jeune âge, il me
serait impossible de me rendre maître
des partis. » Cette crainte ne se pro-
duisait chez lui que passagèrement. Elle
fut réveillée en lui par la parole de celui
qui la croyait fondée.

A cette époque, on doutait générale-

ment de la solidité du trône de Louis-Philippe. Le prince de Metternich disait à qui
voulait l'entendre qu'une telle situation
ne durerait pas trois mois. Lors de sa première entrevue avec le général Belliard,
porteur d'une lettre du Roi à l'Empereur,
par laquelle on promettait et l'on demandait le maintien de la paix, le prince
posa au général cette question : « Croyez-
vous que Napoléon aurait pu se maintenir à la place du duc d'Orléans, et
croyez-vous que Louis-Philippe soit aussi
fort que l'était Napoléon ? » Bien que,
dans les premiers jours du mois de
septembre, l'Autriche reconnût Louis-
Philippe, cela ne modifia en rien l'opinion
de la cour pas plus que celle des populations. Bien mieux, le général Belliard
lui-même ne pensait pas autrement. Il
avait, ce qu'à la vérité je n'appris que
deux ans plus tard, eu la hardiesse de
proposer le retour du fils de Napoléon en
France, démarche qui, à Vienne, ne fut

connue que du prince de Metternich et de
l'Empereur. Ce dernier avait répondu
que, comme second père du duc, il l'aimait trop pour le livrer à des expériences
hasardeuses de politique. Toutefois c'est
précisément à cette époque que l'Empereur, en causant avec le duc, fit allusion
à la possibilité d'un changement dans la
situation, changement qui pourrait peut-
être le conduire au trône de France.
Quand le duc me fit part de l'ouverture
que l'Empereur venait de lui faire, tout
son être était comme enflammé. Ses rêves
prenaient enfin corps et se changeaient en
espérances. Ces espérances, il les regardait comme fondées, et le comte Maurice et l'archiduchesse Marie-Louise elle-
même partageaient cette manière de
voir, ainsi que me l'affirma le colonel
Werklein. Personne à la cour n'avait le
pressentiment de ce qui se passait réelle-
ment ; mais il suffisait que l'Empereur eût
hasardé, même dans une simple conver-

.sation, un propos de ce genre, pour que
toute la cour fût unanimement favorable
aux vœux du jeune prince. La chose
en resta là. N'est-ce pas l'habitude des
cours de remettre à d'autres le soin
de leurs propres affaires? Le duc se rendit en compagnie de l'Empereur en Hon-
grie pour assister au couronnement du
prince héritier Ferdinand, et il n'en
revint qu'au bout de quatre semaines. Sur
ces entrefaites, la Belgique s'était mise
en pleine insurrection, et il y avait dans l'air
comme un souffle d'agitation. Quelques-
unes de nos sommités politiques se trouvaient d'accord pour voir dans le duc de
Reichstadt un gage de paix pour l'Europe. Le prince François Dietrichstein,
homme qui, au point de vue de la supé-
riorité intellectuelle, n'avait que peu de
ses pareils en Autriche et qui avait grandi
au milieu des événements les plus consi-
dérables, voulut bien me donner lecture
d'un mémoire qu'il avait rédigé sur cette

question. Je me rappelle même une conversation avec M. de Gentz, à coup sûr une des plus fortes têtes politiques de notre temps, conversation dans laquelle il m'avoua qu'il n'y avait pas de personnalité dont l'avénement au trône de France fût plus désirable pour l'Autriche que le duc de Reichstadt ; mais il ajouta cependant qu'en aucun cas il ne fallait espérer gagner le prince de Metternich à cette solution, car, dans l'opinion de celui-ci, il ne pouvait en résulter qu'une guerre générale. Cette opinion du prince n'avait rien qui m'effrayât, vu que je ne croyais pas qu'il dût en être ainsi. Je m'attendais à une période d'anarchie en France, et dans le duc de Reichstadt je voyais, en définitive, ce prince de la paix dont l'élévation au trône ne pouvait qu'être agréable à tous les cabinets et à toutes les nations de l'Europe. J'eus la satisfaction, après un long entretien et une discussion approfondie, de m'apercevoir que M. de

5

Gentz n'était pas éloigné de partager ma
manière d'envisager les choses ; il recon-
nut même l'avantage qu'il y aurait pour
l'Europe aussi bien que pour la France à
arracher ce pays, par le rétablissement
de l'Empire, à de nouvelles convulsions, et
à y asseoir un régime stable.

Aussitôt après que l'Empereur fut de
retour de Presbourg, le duc renouvela
auprès du prince de Metternich les
tentatives qu'il avait déjà faites pour
que je fusse attaché à sa personne. Le
prince le lui refusa, tout en ajoutant les
protestations les plus bienveillantes à mon
égard. Je savais déjà alors que le prince
de Metternich avait renoncé à ses intentions de m'employer en Europe, et qu'il ne
me destinait plus qu'à une mission en
Grèce. Je vis clairement que mon étoile
pâlissait ; mais je tins bon. Je me savais
sans faute. Ce n'est que dans le cas où il
me fût arrivé de renier mon affection et de
manquer à mon dévouement envers le duc

que ma conscience eût senti le poids du remords.

Mes relations avec le duc continuèrent à être des plus intimes, et personne ne chercha à y apporter obstacle. L'avenir se dressait devant nous comme une citadelle inaccessible. Un soir je trouvai le duc méditant sur le testament de son père, qu'il venait de lire dans le second volume des Mémoires d'Antomarchi. « Le quatrième paragraphe de l'article premier, dit-il, contient la règle de conduite de ma vie entière. » Dans ce passage il lui était recommandé de ne jamais oublier « *qu'il est né prince français* ». Or en réalité il ne l'oubliait pas, et c'était là précisément la torture que lui infligeait le destin. Il repassait dans son esprit patiemment et sans jamais se lasser toutes les éventualités de l'avenir, et il cherchait dans le ciel sombre une éclaircie qui sourît à ses vœux. Il trouvait quelque distraction dans ses étu-

des et ses exercices militaires, ses promena-
des et ses courses à cheval. Nous lisions
ensemble tous les ouvrages importants de
stratégie et d'histoire qui paraissaient à
l'époque, toutes les publications favorables
ou hostiles ayant trait à son père. Nous
avions pour nous guider dans ces études
un recueil d'extraits, que, dans le but d'étu-
dier la guerre dans ses causes, ses moyens,
ses hasards, ses suites, j'avais empruntés
autrefois aux œuvres militaires d'écrivains
français, italiens, anglais et allemands.
Les appréciations et les jugements de toute
sorte que renfermait ce recueil attiraient
à tel point l'attention du prince qu'il le
copia presque en entier, bien qu'il formât
un fort volume. Au reste, il travaillait
beaucoup. Il avait la conception relative-
ment lente, mais allant au fond des choses.
On possède encore, écrites de sa main, les
biographies de plusieurs généraux célè-
bres des temps modernes, et des essais sur
des sujets d'art militaire très-variés. Mais

il éprouvait plus de charme à penser qu'à écrire. Des observations annotées de sa main en marge des œuvres de Vaudoncourt, de Ségur, de Chambray et de Norvins, des aphorismes de Montecucolli, des mémoires du prince Eugène, des volumineux écrits de Jomini, des campagnes militaires de l'archiduc Charles, sont là pour attester le sérieux de son caractère.

Un jour, c'était le 24 novembre, m'étant rendu dans la soirée, comme d'habitude, chez le duc, je le trouvai en proie à une vive surexcitation. Il s'avança vers moi à grands pas et me tendit une lettre ouverte: « — Lisez, mon ami ! que faut-il faire ? » Je lus :

« *Au duc de Reichstadt.*

« Vienne, le 17 novembre 1830.

« *Prince, je vous écris pour la troisième fois. Veuillez me faire savoir par un mot si vous avez reçu mes lettres et si vous vou-*

5.

lez agir en archiduc autrichien ou en prince
français. Dans le premier cas, donnez mes
lettres. En me perdant, vous acquerrez probablement une position plus élevée, et ce
acte de dévouement vous sera attribué à
gloire. Mais si, au contraire, vous voulez
profiter de mes avis, si vous agissez en
homme, alors, prince, vous verrez combien
les obstacles cèdent devant une volonté
calme et forte. Vous trouverez mille moyens
de me parler, que, seule, je ne puis embrasser. Vous ne pourrez avoir d'espoir qu'en
vous. Que l'idée de vous confier à quelqu'un
ne se présente pas même à votre esprit. Sa-
chez que si je demandais à vous voir, même
devant cent témoins, ma demande serait re-
fusée ; — que vous êtes mort pour tout ce
qui est français ou de votre famille. Au
nom des horribles tourments auxquels les
rois de l'Europe ont condamné votre père,
en pensant à cette agonie de banni, par laquelle ils lui ont fait expier le crime d'avoir
été trop généreux envers eux, songez que

vous êtes son fils, que ses regards mourants se sont arrêtés sur votre image ; pénétrez-vous de tant d'horreur, et ne leur imposez d'autre supplice que de vous voir assis sur le trône de France. Profitez de ce moment, prince. J'ai peut-être trop dit : mon sort est entre vos mains, et je puis vous dire que si vous vous servez de mes lettres pour me perdre, l'idée de votre lâcheté me fera plus souffrir que tout ce qu'on pourrait me faire. L'homme qui vous remettra cette lettre se chargera de votre réponse. Si vous avez de l'honneur, vous ne m'en refuserez pas une.

« Napoleone C. Camerata. »

« Comment cette lettre est-elle arrivée en vos mains ? — Par le domestique de mon professeur Obenaus. — Où sont les deux premières lettres ? — Je ne les ai pas reçues. — La lettre est du 17, et aujourd'hui nous sommes au 24. Il est impossible que la police n'ait pas

connaissance de ces lettres. — C'est
aussi mon opinion, dit le duc, et vous
allez entendre ce qui la confirme. Depuis
que je vous ai vu, Obenaus m'a invité,
comme cela a lieu quelquefois dans le
courant de l'année, à passer la soirée
chez lui. Au moment où je me disposais
à monter l'escalier de sa maison, voilà
qu'une femme, enveloppée dans un man-
teau écossais, me saisit vivement la main
et l'embrassa. Qui pouvait-elle être ? je
n'en avais pas la moindre idée. La lampe
de l'escalier me permettait à peine de distinguer ses traits; mais ils m'étaient si
familiers, si connus. Avant que je fusse
revenu de ma surprise, Obenaus parut au
haut de l'escalier. — Que faites-vous,
madame ? s'écria-t-il. — Qui me refu-
sera de baiser la main du fils de mon souverain ? répondit-elle. — Je montai l'escalier en toute hâte et sans mot dire. Là,
j'appris que c'était la comtesse Camerata,
fille de la princesse Élisa Baciocchi, mariée

à un riche seigneur italien, la même dont
on vantait l'adresse à dompter un cheval
et à manier les armes. » Elle se trouvait
à Vienne depuis plusieurs jours, et elle
avait aperçu le duc une ou deux fois au
Prater et en d'autres endroits du voisinage,
mais sans l'approcher. Une entente entre la
comtesse et Obenaus n'était pas admis-
sible. La présence de la comtesse à Vienne
devait avoir pour résultat que ses moindres pas étaient surveillés. Il me sembla
que le fait d'une troisième lettre, arrivée
sans obstacle aux mains du duc, était un
piége qu'on lui tendait pour le mettre à
l'épreuve. « C'est aussi ce que je pense,
dit le duc, mais j'ai encore d'autres doutes.
Où est-il fait mention, dans cette lettre,
de forces rassemblées ? où sont les preuves
de l'existence d'un parti assez fort pour
appuyer le fils de l'Empereur ? C'est sa
famille qui a perdu l'Empereur ; elle ne
constitue pas pour moi une base suffi-
sante ; je respecte, je partage les vœux de

la comtesse, mais je ne puis certes pas me
fier à des espérances qui dénotent tant
d'étourderie. »

C'était aussi mon avis. Nous nous assî-
mes, et nous rédigeâmes la réponse suivante à l'adresse de la comtesse : « *Je
viens de recevoir ce matin une lettre datée
du 17, dont je ne comprends ni le retard
ni le contenu, et dont je puis à peine dé-
chiffrer la signature. Je suppose que c'est
la main d'une dame; les lois de la bien-
séance m'imposent de répondre. Vous con-
cevez que ce n'est ni en archiduc autrichien
ni en prince français, pour me servir des
termes de cette lettre, que je veux la recevoir ; mais l'honneur me prescrit de vous
faire connaître, Madame, que je n'ai pas
reçu les deux premières dont vous parlez,
que celle à laquelle je réponds sera immé-
diatement livrée aux flammes, et que le
contenu, autant que je le devine, restera
à jamais enseveli dans mon sein. Quoique
très-touché et reconnaissant des sentiments*

que vous m'exprimez, je vous prie, Ma-
dame, de ne plus m'adresser de vos lignes.

« Vienne, 25 novembre.

« LE DUC DE REICHSTADT. »

Nous décidâmes que le duc, le jour suivant, mettrait sous les yeux de l'Empereur
la lettre et la réponse qu'il y avait faite,
mais en priant Sa Majesté de ne pas permettre que la comtesse fût molestée pour
cette affaire.

Nous pensions avoir ainsi paré à toutes
les éventualités, même dans le cas où la
réponse viendrait à tomber entre les mains
de la police. Nous défiant de notre propre
jugement, il nous vint à la pensée de communiquer tous les détails de cette aventure
au prince Dietrichstein, dont le caractère
nous inspirait pleine confiance. Je me char-
gai de cette démarche, et je me décidai
d'aller chez lui dans la matinée du jour
suivant.

Le lendemain, vers neuf heures du matin, je reçus les lignes suivantes : « Hier au soir, à neuf heures, on m'a remis une autre lettre de la même main que celle qui devait former l'objet de votre entretien d'aujourd'hui avec le prince D. J'ai fait part de ce qui s'était passé au baron Obenaus ; celui-ci est fermement résolu à tout raconter au comte Dietrichstein. Je me propose par conséquent de l'en informer moi-même en lui proposant de demander conseil au prince D. Vous, très-cher ami, vous devez complétement rester à l'écart ; donc renvoyez-moi la lettre de la dame en question avec ma réponse. N'allez pas chez le prince D., et ne parlez de cela à âme qui vive. »

Le duc avait eu raison de se confier au baron Obenaus et au comte Maurice. Il comprenait à quels égards avait droit la comtesse Camerata, et il lui fit parvenir le même jour, par une voie sûre, la

réponse que nous avions arrêtée ensemble.
Bientôt après arriva le prince Dietrichstein, appelé par son frère. Le duc lui ré-
véla toute l'aventure, et fit passer sous ses
yeux les deux lettres, ainsi que la copie
de la réponse à la première. Le comte
Maurice était présent. « A votre âge,
prince, j'eusse agi comme vous, dit le
prince Dietrichstein ; au mien, j'aurais
lu la lettre, et, après avoir pris note de
son contenu, je l'aurais brûlée sans en
souffler mot. » Le prince Dietrichstein fut
également de notre avis, que le ministre
de la police était nécessairement informé
de l'affaire ; mais il ne craignait en aucune façon que la chose fût ébruitée.
Il soupçonnait, du reste, le prince de
Metternich de nourrir quelque arrière-
pensée à l'égard du duc, car autrement
il n'aurait pas toléré que lui, Dietrichstein et moi, nous fussions en relation
avec le duc. D'ailleurs, l'avis du prince
Dietrichstein tendait à ce que le duc re-

poussât tout appel de sa famille, lequel ne viendrait pas de Lucien ou de Joseph.

Avant que la comtesse Camerata quittât Vienne, je fus la voir, selon les désirs du duc. Elle montra vis-à-vis de moi beaucoup de réserve et n'eut aucune confiance; moi, je n'en avais aucune en elle. Je lui représentai que son imprudence devait avoir eu pour résultat d'attirer les regards de la police; qu'elle pouvait de la sorte créer au duc fort inutilement des embarras, et nuire évidemment à la liberté qui lui était accordée. Je parlai avec chaleur de sa personne et de son caractère, de la complète liberté où il était de s'occuper de l'histoire de son père, de la passion qu'il apportait à cette étude, de ses vues et de ses désirs, des livres que nous lisions ensemble, parmi lesquels je citai O'Meara, Las Cases, Antomarchi, Montholon, et généralement tout ce qui était venu de Sainte-Hélène. Elle écouta ces

choses avec étonnement et avec une satisfaction visible. J'émis quelques doutes sur
la force du parti qui était disposé à se
prononcer pour le fils de l'Empereur. Elle
ne sut rien me dire à ce sujet en dehors
d'assurances générales qui indiquaient ses
aspirations, mais non ses moyens d'action.
Au moment de prendre congé l'un de
l'autre, elle parla du duc dans les termes
de la plus haute considération, et me pressa vivement la main. Enfin, comme j'allais
franchir le seuil de la porte, elle s'avança
de nouveau vers moi, et, avec un regard
où la confiance l'emportait sur le doute,
elle me tendit encore une fois la main. La
comtesse quitta Vienne aussitôt après
notre entretien.

L'insurrection de la Belgique n'avait
d'intérêt pour le duc qu'autant qu'elle
augmentait les probabilités d'une guerre
imminente, qu'autant qu'elle paraissait
rapprocher ainsi le moment où le fils de
Napoléon, en dépit de ses désirs ardents

et de ses convictions, se verrait condamné
à l'inaction, ou serait exposé à manquer de
fidélité au testament de son père. A cette
torture morale le soulèvement de la Pologne en ajoutait une autre plus doulou-
reuse encore. Il aimait ce peuple pour
ses qualités militaires et pour l'attachement dont il avait fait preuve envers son
père ; il haïssait les Russes et s'indignait
de l'ingratitude de la France. A cette époque, l'idée de se mettre à la tête des Po-
lonais dominait chez lui toute autre pensée, et il n'y a pas le moindre doute qu'il
ne se fût laissé entraîner, avec joie et sans
hésitation, à s'enfuir en Pologne, s'il s'é-
tait trouvé quelqu'un pour le pousser dans
cette voie. Il aurait accompli des prodiges
de valeur à la tête de ce peuple, que, dans
son opinion, il croyait capable d'un élan
plus héroïque, d'une loyauté plus ferme,
de plus de patriotisme et d'enthousiasme
que les Français.

Chaque nouvel orage qui menaçait d'é-

clater en Orient ou en Occident venait
soulever dans son âme mille flots tu-
multueux.

C'est précisément vers ce temps-là qu'il
m'arriva de me trouver plus immédiate-
ment en contact avec le maréchal Marmont, ce qui devait être l'occasion des
rapports du duc avec celui-ci. Le maréchal, qui s'était enfui de France au lendemain des journées de Juillet, s'attacha presque exclusivement au prince de
Metternich; il devint chez la comtesse
Molly Zichy, qui fut plus tard la belle-
mère du prince, l'ami de la maison. La
société de Marmont était, en raison de
ses connaissances pratiques, de son expérience technique, particulièrement agréable au prince. Ils passaient ensemble des
heures entières à discourir sur la mécani-
que, l'industrie, l'économie rurale, etc.,
qui étaient les thèmes favoris de Metternich. Ajoutez à cela que le maréchal était
un conteur spirituel, d'une extrême sou-

plesse dans la forme, et chez qui les souvenirs abondaient. Sa mémoire était une
mine inépuisable de traits originaux, de
réflexions et de remarques curieuses, venant des hommes les plus éminents de
son époque. Les occasions de le rencontrer ne me manquaient pas. Le 26 novembre, je dînai chez lui avec le prince de
Metternich, avec la belle Mélanie Zichy,
la fiancée du prince, les parents de celle-
ci et M. d'Acerbi, notre consul général en
Egypte, esprit plus brillant que solide.
La conversation présenta un entrain extraordinaire et roula principalement sur
l'Egypte, pays que le maréchal avait été
à même de connaître dans des circonstances qui contrastaient si fortement avec
l'état actuel de cette contrée. Je défendis
contre lui et contre Acerbi les institutions
établies par Méhémet-Ali comme les seules
qui répondissent à la nature du pays et puissent contribuer à sa prospérité plus que
n'eût pu le faire un système d'adminis-

tration bureaucratique. Le plus souvent
le prince se rangeait à mon avis; Marmont vint ensuite à parler des journées
de Juillet, et, remontant plus haut,
de Napoléon. Entre autres choses, il raconta, pour égayer la société, qu'il y
avait des moments où l'Empereur se plaignait, en plaisantant, de ne pouvoir ni se
croire une origine céleste, ni se donner
pour un envoyé d'en haut. « Il n'y a
qu'un homme dans l'histoire qui me
désespère, avait-il dit un jour à Monta-
livet, c'est Jésus-Christ » ; et à une autre
personne : « Je suis venu trop tard ; voyez
Alexandre, il se donne pour fils de Jupiter,
et tout le monde le croit. Aujourd'hui
les dames de la halle me jetteraient de la
boue, si je me donnais comme fils de
Dieu. »

Je savais que le maréchal se donnait
beaucoup de peine pour être admis à voir
le duc de Reichstadt. Quant à moi, j'étais
d'avis que ce serait, de la part du fils de

Napoléon, une maladresse de le recevoir.
Autre était l'opinion du comte Maurice
Dietrichstein et du prince son frère; autre
aussi celle du duc lui-même. Tous les
trois estimaient qu'il y avait là une occasion des plus favorables pour le jeune
prince de s'instruire, par l'intermédiaire
d'un homme aussi important, de l'état
des esprits en France. Ils souhaitaient
donc que l'un et l'autre pussent s'abou-
cher, et ils discutaient déjà les moyens
d'amener entre eux une entrevue. Je me
conformai à leur manière de voir. Après
le dîner, je pris à part le maréchal
dans une embrasure de fenêtre et lui dis:
« Pourquoi n'allez-vous pas voir le duc
de Reichstadt? » Le maréchal s'empressa
d'accueillir mon ouverture, presque ému
et joyeux. Cependant il exprima quelque
crainte, demandant s'il serait vu avec
plaisir. « Sans contredit, répliquai-je.
Le duc ne verra en vous que le plus
ancien des compagnons d'armes de son

père; quant aux bruits que la haine des partis répand dans le monde, ils ne lui en imposent pas. Même là où il n'est pas en position de voir clair, il en impute la faute à la gravité des événements, et non à l'homme qui a donné tant de preuves de dévouement et de loyauté. — Alors il me rend justice, s'écria le maréchal, car il en est ainsi ! » A ce moment nous fûmes interrompus par un tiers. Plus tard la conversation, je ne sais plus comment, vint à tomber sur la présence à Vienne de la comtesse Camerata, présence qui était devenue de notoriété publique. J'examinai fort attentivement les traits du maréchal, sans pourtant y découvrir rien d'alarmant. Le maréchal me la dépeignit comme une folle.

Deux jours après cette conversation, le prince Dietrichstein me fit prier de passer chez lui sans retard. Il avait, la veille, reçu la visite de Marmont, qui avait obtenu de lui qu'il m'engagerait à aller voir

le maréchal. Pour complaire au désir du
prince, je fus chez Marmont, qui m'accueillit avec force prévenances; mais il
me fit l'effet d'être incertain sur la manière dont il devait se comporter avec moi.
Il débuta par quelques mots sur l'état de
la France; puis il prit la défense de Louis-
Philippe et fit son éloge : sans compter bien
positivement qu'il se maintînt au pouvoir,
il désirait que son règne durât, il l'espérait presque, Louis-Philippe étant fort de
l'appui des Chambres, de la garde natio-
nale et des classes possédantes. Dans son
opinion, il dépendait uniquement de l'issue du procès contre les ministres, que
cette espérance se changeât en certitude.
« Sous Charles X il aurait fallu prononcer contre eux la peine capitale, disait-
il ; mais le Roi ayant été chassé du pays,
on n'avait plus aucun droit de les con-
damner. » Puis il m'interrogea au sujet
de Reichstadt.

Je lui peignis le duc en toute sincérité et selon l'idée que je m'en faisais ; je parlai de la prudence et du sang-froid qu'il apportait dans ses rapports, de ses vues et de ses sentiments. Je lui exprimai la conviction où j'étais que le duc serait enchanté de s'entretenir avec lui, et que cela pourrait se faire très-facilement, soit dans le salon du prince de Metternich, soit dans celui de la duchesse de Sagan ou de la comtesse Molly Zichy, ces salons étant les moins compromettants pour tous les partis. Le maréchal devina que j'avais en vue de ménager ses rélations avec Metternich, ou pensa que je voulais me couvrir à l'endroit du prince; quoi qu'il en soit, il parut content des ouvertures que je lui faisais, et décida d'exprimer franchement au prince de Metternich son désir de se rencontrer avec le duc. Il me dit encore une foule de choses, probablement dans l'intention qu'elles fussent répétées au duc : par exemple, que dans tout le cours de sa vie il n'avait

aimé aucun homme autant que Napoléon,
mais que son devoir avait été d'aimer
encore plus la France, et comme quoi il
était arrivé à Napoléon, pendant une des
nuits de la guerre de 1813, de lui expliquer longuement, sous la forme doctrinaire
qu'il affectionnait, la différence qu'il y avait
entre un homme d'honneur et un homme
de conscience, et comment encore l'Empereur, avec un esprit pour ainsi dire pro-
phétique, avait fait application de cette
seconde expression à lui le maréchal, etc.
Dans cet entretien, ce fut décidément
la circonspection qui l'emporta. Le
maréchal me cacha soigneusement ce
qui à cette époque ne pouvait lui être
demeuré inconnu, à savoir : l'importance
numérique et l'énergie du parti napoléonien. Ce ne fut en vérité que plus tard
que j'en pus juger.

Le duc ne faisait aucun cas du maréchal en tant que caractère ; mais il avait
soif d'entendre de la bouche d'un des plus

~~soif d'entendre de la bouche d'un des plus~~
anciens frères d'armes de son père le récit de la jeunesse de l'Empereur. Puis il
lui importait au plus haut point d'établir
des relations avec un homme si considérable, de faire entendre par lui sa voix
à la France et de gagner à sa cause, dans
la personne du maréchal, quelqu'un qui,
en rentrant en France, pût affirmer ses
capacités et son amour filial à l'encontre
des bruits mensongers qu'un parti aveu-
glé par sa haine envers l'Autriche propa-
geait dans le monde. L'attente où était le
duc au sujet de cette entrevue l'occupait
et le transportait bien audelà des limites
étroites de l'entourage militaire que, dans
les meilleures intentions, mais sans bien
comprendre sa nature, on avait dès lors
cru devoir lui donner à titre d'essai.
Le général comte Hartmann, appelé à
remplacer le comte Maurice Dietrichstein,
était un homme d'honneur, mais d'un
tempérament sec et sans élan. Le duc se

plaisait davantage dans la société du capitaine de cavalerie de Moll, qu'on avait
également adjoint, de même qu'un autre
capitaine, du nom de Standeiski. Mais il
sentait que nul échange d'idées, nuls
rapports d'intimité n'étaient possibles avec
aucun de ces messieurs. Aussi ne les dési-
rait-il pas et s'en tenait-il aux politesses
d'usage.

Les nouvelles de Pologne, qui furent
connues à Vienne en décembre, agissaient
sur lui comme des secousses électriques.
Néanmoins, en apparence, il n'eut pas la
moindre violence à se faire pour cacher
ses impressions à son entourage. Sur son
pâle et beau visage aucun homme ne lut
quoi que ce fût des tempêtes qui bou-
leversaient son âme. Mais nous n'étions
pas plus tôt seuls qu'il ouvrait les journaux pour y lire le récit des efforts
que tentait la Pologne ; puis il regardait en frémissant les quatre murs de sa
chambre ; souvent aussi, dans un accès de

désespoir, il se laissait tomber sur son
canapé, maudissait la situation et les ténèbres impénétrables de l'avenir que, pas
plus que lui, je ne parvenais à éclairer.

Ce fut dans un de ces jours de décou-
ragement qu'il me donna en souvenir
d'affection un déssin fait de sa main,
signé de son nom, et qui était suspendu
au-dessus de sa table de travail. Ce dessin
représentait un des chevaux de bataille
de son père, d'après Vernet.

Il suivait avec la plus grande attention,
comme s'il se fût agi de ses affaires par-
ticulières, les événements militaires, et il
tremblait en voyant, grâce à la justesse
de son coup d'œil, les fautes que l'on com-
mettait et qui lui inspiraient des craintes
sur l'issue de la lutte. La pensée de le
donner pour roi à la Pologne et de relever
ainsi le rempart qui se dressait jadis contre
la Russie, s'était réveillée même dans une
partie de la haute société de Vienne. La
princesse Grasalkovich, née princesse

Esterhazy, femme de beaucoup d'esprit, mais d'un caractère passionné, soutenait vivement ce projet dans le cercle du prince de Metternich, et elle était appuyée par les chaleureuses revendications de ses compatriotes. Que l'Autriche eût les mains liées par les traités européens et même par l'état des choses en France, c'est ce dont elle ne tenait pas compte, pas plus que ce fait que le prince de Metternich, dans les sphères politiques où il se trouvait, ne pût prononcer à l'égard du duc que ce seul arrêt : « exclu une fois pour toutes de tous les trônes ! »

Au début de l'année 1831, le duc me rapporta une conversation avec l'Empereur, dans laquelle celui-ci lui avait dit : « Si le peuple français te demandait et si les alliés y consentaient, je ne m'opposerais pas à te voir monter sur le trône de France. » De telles paroles dans une telle bouche étaient pour lui une consolation et un tourment.

Nous ne savions à quelle échelle mesu-
rer le sérieux, l'importance, le poids des
aspirations du parti napoléonien; ces aspirations, nous pouvions les pressentir,
nous ne pouvions mettre en doute leur
existence; mais où trouver la garantie de
leur réussite? où trouver une raison de
croire que l'anarchie ne briserait pas de
nouveau le gouvernement impérial recon-
stitué? Le prince de Dietrichstein, qui venait de traverser la France, pouvait nous
affirmer l'existence. de ce parti; il connaissait même, par la bouche de Montholon, l'organisation qu'on comptait donner
à l'empire restauré; mais le bon moment,
qu'il prévoyait cependant avec certitude,
n'était pas venu, à son avis. De ce côté
encore nous ne vîmes donc devant nous
que ténèbres, et les journées se suivaient
monotones.

Les fêtes et les bals de la cour, qui
commencèrent avec l'année, apportèrent
quelque distraction. Le duc y reçut

un accueil des plus distingués et des plus
flatteurs. Sa tournure pleine de grâce, la
beauté de ses traits, son esprit, l'aisance
avec laquelle il s'exprimait, l'élégance
de ses manières et de ses vêtements, et,
par-dessus tout, sa destinée, attiraient
à lui tous les cœurs. Les dames, auprès de
qui il se montrait très-aimable et très-
respectueux, lui témoignaient une bienveillance exceptionnelle. Sans qu'il fût
d'un tempérament sensuel, la beauté et
l'esprit chez la femme le captivaient. La
beauté et cette vivacité du jeune âge qu'on
peut prendre pour de l'esprit se trouvaient
réunis dans la personne de la comtesse
de ***, née princesse ***. Le duc s'était
mis dans la tête mille idées romanesques
à son sujet. Il était encouragé dans sa
galanterie par le comte Maurice Esterhazy, jeune homme plein de connaissances et de talents de société, alors secrétaire d'ambassade, et dans la compagnie
duquel, à cause de l'amabilité de ses ma-

nières, le duc se plaisait. Rien de plus
heureux n'aurait pu arriver à ce dernier,
dans cette période de luttes intimes et
dévorantes, que de s'éprendre d'une
femme qui eût été douée des plus nobles
qualités du cœur, spirituelle et remar-
quable par l'élévation de la pensée. Je
m'opposai cependant à cette inclination;
je craignis que la belle comtesse, qui, à
mes yeux, n'était qu'une enfant élevée
dans les boudoirs et les salons luxueux du
grand monde, au lieu de donner au
caractère du duc une trempe plus solide
encore et de nourrir son esprit de glorieux projets, ne le fît descendre jusqu'à la médiocrité, cette rouille de l'existence. Il se fatigua bien vite de cette
liaison, qui se bornait à des badinages
dans les bals et les réunions, et qui
n'aboutit qu'à fournir l'occasion d'une
équipée de jeune homme, dont je par-
lerai plus loin.

Ainsi que le prince de Metternich avait

assez l'habitude d'en agir à l'égard des
personnes qu'il comptait employer d'une
façon ou d'une autre, il invita le comte Hartmann à rédiger lui-même un projet du pro-
gramme qu'il désirait qu'on lui assignât
lors de l'entrée du jeune prince dans le
monde. Le comte, de son côté, jugea con-
venable d'en conférer avec le duc, qui lui
offrit de lui fournir les éléments néces-
saires pour la solution de ce problème.
Le comte accepta. Le duc se mit aussitôt
à l'œuvre; mais il m'écrivit pour réclamer
mon concours. A trois heures, je lui fis
parvenir ce que j'avais rédigé par écrit.
Il avait, en attendant, composé lui-même
un projet où il s'étendait assez longuement sur sa situation et où il exposait
avec une grande précision les chances
qu'il avai d'arriver au trône de France,
pour en conclure de quelle façon et à quel
point de vue il fallait traiter cette question. Il ne fallut pas de grands efforts
pour lui démontrer que son projet ne

pouvait convenir ni à la personne qui
avait à donner les instructions à cet égard,
ni à celle qui avait à les recevoir. Il en
convint; puis, ayant pris mon travail pour
base, il remania le sien en conséquence et
le donna naïvement au comte Hartmann.
Celui-ci ne se sentit pas le courage de mettre
sous les yeux du prince de Metternich ce
travail comme étant le sien; mais il ne se
jugea pas non plus capable d'en préparer
un autre.

Dans son embarras, il se confia au
comte Maurice. Ce dernier, craignant
qu'aux yeux du prince de Metternich la
part que le duc avait prise à ce travail
ne pût en elle-même passer pour de la
prétention, vint en toute hâte me prier
de retirer des mains du général cette
feuille compromettante et de le décider à
garder le silence à l'égard du prince.
Prouver au comte combien ses appréciations étaient erronées, combien le prince,
selon toute apparence, se serait montré

satisfait que le comte Hartmann lui eût
épargné la peine de s'occuper d'un travail
spécial, combien enfin ce même travail
(il ne connaissait que celui qui avait été
refondu) répondait au but que l'on se proposait, c'eût été perdre sa peine. Je
me rendis chez le comte Hartmann, qui,
de son côté, regrettait de s'être confié au
comte Maurice et insista auprès de moi
pour que j'obtinsse de celui-ci la promesse
de ne faire aucunement mention au prince
de Metternich de ce qui s'était passé.
J'amenai le général, qui avait mis quelques notes sur le brouillon du projet, à me
prier de le rendre au duc et d'arranger
l'affaire. Je n'étais pas plus tôt sorti de la
chambre que je déchirai le projet même,
afin d'éviter qu'il tombât entre les mains
tremblantes du comte Dietrichstein, qui,
ainsi que je l'avais prévu, m'attendait
dans les corridors du château.

De la sorte, je rendis service à tous les
trois, mais particulièrement à mon mal-

heureux ami, dont la conduite en cette
occasion, bien que provoquée par la demande toute naturelle du comte Hartmann, n'en aurait pas moins été mal
interprétée à la cour. « Voilà donc les
hommes dont on m'entoure ! » s'écria le
duc, et c'est à leur école que je dois me
former, c'est d'eux que je dois prendre
exemple ! »

Nous avions déjà auparavant brûlé
l'original de mon projet, ainsi que le premier travail du duc ; nous brûlâmes aussi
les fragments du second. Il ne restait plus
que les notes du comte Hartmann, lesquelles de la part du comte Maurice n'ex-
citèrent qu'un sourire de dédain pour
l'homme qui devait le remplacer auprès
du duc. Au bout de quelques jours,
le duc brûla lui-même ces notes. Toutes
les personnes qui s'étaient trouvées mêlées à cette affaire ayant intérêt à n'en
rien dévoiler, elle demeura en effet
cachée jusqu'après la mort du duc. Deux

jours seulement après cet épisode, le duc
et le maréchal Marmont se rencontrèrent
dans un bal chez lord Cowley, ambassadeur d'Angleterre (25 janvier).

Le duc y fit, suivant l'expression con-
sacrée, son entrée dans le monde, et tous
les yeux se portèrent sur lui. Il était
rayonnant de beauté et de jeunesse. Le
ton mat de son visage, le pli mélanco-
lique de sa bouche, son regard pénétrant
et plein de feu, l'harmonie et le calme de
ses mouvements, lui prêtaient un charme
irrésistible. Je me trouvais auprès de lui,
quand le maréchal Marmont s'approcha
et dit quelques mots, que lui suggéra une
conscience troublée. Le duc l'interrompit
par ces paroles mûrement méditées : « Je
ne vois en vous que le plus ancien des
frères d'armes de mon père », et il lui
tendit la main. Le maréchal fut enchanté
et sollicita l'autorisation de prier le prince
de Metternich de lui permettre de voir le
duc plus fréquemment. Le duc l'y auto-

risa en termes fort obligeants. Toutes ses
paroles étaient empreintes d'une dignité
à laquelle moi-même je ne m'attendais pas.
Le maréchal se tenait auprès de lui dans
une attitude profondément respectueuse,
et telle que peut-être il n'en avait jamais
gardé de pareille en présence de Napoléon. Le jour suivant, il n'était bruit
dans la ville que du succès du jeune
prince.

Le comte Maurice ne put s'empêcher de
me faire part de la joie dont son cœur débordait. On demeura, du reste, convaincu
dans la société que le duc avait adressé
des reproches au maréchal au sujet de la
trahison dont son père avait été l'objet,
et que le maréchal en avait été touché
jusqu'aux larmes. Ces deux assertions sont
erronées. Le prince de Metternich fit allusion à l'attitude du duc dans cette soirée par ce propos : « Le duc est fort ha-
bile à jouer la comédie. » Et en vérité il
le fut ce jour-là. Il se plaignit à moi de

8

la fatigue que lui avait causée la soirée, et plus encore de l'affection inquiète du comte Maurice, qui n'avait cessé de tourner autour de lui et de chuchoter à son oreille : « Vous ne parlez pas assez », ou : « Vous êtes trop rêveur », ou : « Vous ne vous tenez pas bien », etc. Nous nous pressâmes deux ou trois fois la main en passant. « Êtes-vous content de moi ? » me demanda-t-il. — « Oui », lui répondis-je avec joie. — « Mais que penser des critiques du comte Maurice ? — N'oubliez jamais que vous êtes le fils de Napoléon ; ce sentiment vous guidera dans la bonne voie. »

Vers cette même époque, le duc fit une nouvelle connaissance, celle du maréchal Maison. Ils se rencontrèrent au bal que le prince de Metternich donna le 28 janvier. Bien qu'ambassadeur de Louis-Philippe, le maréchal, homme d'un caractère droit, était de cœur et de parole pour le duc. Quelques heures auparavant, celui-ci avait discuté avec moi l'attitude qu'il voulait observer à l'égard du maréchal: il entendait faire abstraction complète de sa position actuelle, pour ne voir en lui que l'ancien général de l'Empereur. Je n'assistai pas à ce bal, pour des raisons dont je ne me souviens plus. Mais le comte Maurice me raconta, le jour suivant, que l'attitude et le langage du duc avaient été irréprochables. Le maréchal ne tarissait pas en éloges sur le compte du duc, et il ne craignait pas de manifester ses sympathies si ouvertement que cela donna lieu, dans les salons du prince de Metternich, aux commentaires les plus étranges.

L'ambassadeur de Louis-Philippe reprocha carrément au prince de Metternich, aussi bien qu'à M. de Gentz, de n'avoir pas, en 1815, après les Cent-Jours, envoyé Marie-Louise avec son fils à Paris, et de n'avoir pas ainsi évité la seconde restauration de Louis XVIII. Marmont aussi fit en tout lieu l'éloge du duc. Il avait obtenu de l'Empereur l'autorisation de l'entretenir des souvenirs de sa carrière militaire.

L'Empereur et même le prince de Metternich voyaient cela d'un bon œil. Le 31 janvier, Marmont fit pour la première fois visite au duc, l'entretint longuement des circonstances qui avaient rendu nécessaire la capitulation d'Essonne, lui raconta la campagne de Bonaparte de 1796, et prit congé de lui après deux heures d'entretien, en lui promettant de revenir bientôt et en témoignant l'intention de lui raconter la campagne de 1814. A partir de ce moment, il eut avec lui de fréquentes entrevues.

Dans une de ces conversations, le duc, qui connaissait le langage que m'avait tenu le maréchal, eut le tact de laisser voir qu'il avait souvent réfléchi à la différence qu'il y a entre un homme d'honneur et un homme de conscience, et qu'il donnait la préférence à ce dernier.

Le maréchal, saisissant l'allusion, en
fut ravi. Le duc, de son côté, admirait
la vivacité d'esprit, la mémoire, le talent
d'exposition du maréchal; mais il ne se
sentait pas porté à se confier à lui. J'étais
là-dessus du même avis. Le maréchal, en
se rapprochant du duc, me semblait avoir
obéi plutôt à un calcul, ce rapprochement
pouvant être un moyen de pression à l'é-
gard de Louis-Philippe, auprès de qui il
voulait rentrer en grâce, ou une entrée
en matière pour le cas où ce roi, ainsi
qu'on le croyait alors, serait à la veille de
sa chute.

Le succès du duc auprès des deux ma-
réchaux fit aussi grand plaisir à l'Empereur, d'abord parce qu'il aimait le jeune
prince, ensuite parce qu'il n'était pas
éloigné de désirer qu'il montât sur le
trône de France. Il ne cessa de lui
parler, comme si, à l'arrière-plan des
événements, ce trône l'attendait déjà selon
toute vraisemblance. Il parla de la possi-

bilité d'une guerre, ne lui cacha pas son
désir de voir les affaires en France prendre une tournure qui permît de remplacer
le roi Louis-Philippe par le duc, son
petit-fils. Cela affermissait le duc dans ses
espérances, remontait son courage, entretenait son esprit pendant plusieurs jours
dans un état de joyeuse surexcitation,
qui se traduisait en hardis exercices d'équitation et en escapades de jeune homme.

Il me raconta un jour que la nuit pré-
cédente, lui et le comte Maurice Esterhazy, dont la société enjouée le distrayait,
s'étaient rendus masqués au bal de la
Redoute, et que de là ils avaient suivi la
comtesse *** jusqu'à sa demeure, où ils
avaient trouvé une nombreuse société
également en train de danser ; que les
deux masques, connus seulement de la
maîtresse de la maison, étaient demeurés
pour tous les invités une énigme indé-
chiffrable. Le duc ne s'était pas dissi-
mulé qu'il avait commis un acte d'étour-

derie; mais il n'avait pu résister à l'attrait de faire quelque chose qu'à la cour on le crût incapable d'oser et d'exécuter. Heureusement rien ne transpira de cette affaire, ainsi que j'ai pu m'en convaincre plus tard, bien qu'alors cela me parût impossible.

Le comte Hartmann, en attendant, aux prises avec la rédaction des instructions dont il devait dresser le projet, se sentait en présence d'une tâche qui le chargeait d'une trop lourde responsabilité. Il le déclara au prince de Metternich dans les derniers jours de janvier. Le comte devait sa nomination au général baron de Kutschera, aide de camp de l'Empereur, qui était très-avant dans la confiance de Sa Majesté. Le prince prit par conséquent sur lui de rédiger ce travail et promit de le livrer sous peu de jours.

A ma connaissance, la chose resta à l'état de promesse.

Sur ces entrefaites, l'Europe n'était pas

seulement agitée par les événements qui
se passaient en France, en Pologne et en
Belgique. En Italie, des troubles éclatèrent aussi. Le 19 février, on reçut à
Vienne la nouvelle que la duchesse de
Parme avait été faite prisonnière par le
peuple. A peine le duc en fut-il informé
qu'il se rendit en toute hâte auprès de
l'Empereur pour le prier de lui permettre
de voler au secours de sa mère. L'Empereur lui refusa cette autorisation en des
termes bienveillants et flatteurs, pour ne
pas provoquer, ainsi qu'il le dit lui-même,
de nouveaux bouleversements en France,
ou amener la guerre.

Le duc dut se borner à exprimer, dans
une lettre à sa mère, ses craintes, son
chagrin, ses vœux. Mais le lendemain
dans la matinée même arriva la nouvelle
que la duchesse avait réussi à s'enfuir à
Casal-Maggiore.

Comme j'ignorais les sourdes menées
auxquelles le parti napoléonien se livrait,

même en Italie, j'avais précisément ce
jour-là, en présence du prince de Metternich, parlé au comte Sedlnizky du désir
du duc comme d'un mouvement naturel
et généreux d'un fils envers sa mère. Je
remarquai, toutefois, que ma sollicitude
avait désagréablement affecté le prince.
Peu d'instants auparavant il avait dû
combattre dans l'esprit de l'Empereur, au
sujet de ce désir si vivement manifesté
par le duc, une appréciation identique
avec la mienne, et il se figurait peut-être
qu'il existait une certaine connexité entre
ma manière de voir et celle de l'Empereur, ce qui n'était pourtant pas le cas.
Ce qui s'était passé entre le prince et
l'Empereur, Sa Majesté l'avait elle-même
raconté au duc. Je l'avais appris de ce
dernier. Le cœur chez l'Empereur avait
ses droits. Le 21 février, il revint encore sur ce noble mouvement d'un fils
tremblant pour sa mère, loua le duc de
son dévouement filial, et, dans une con-

versation ultérieure, il exprima de nouveau son peu de confiance dans la solidité
du trône de Louis-Philippe, et n'hésita pas
à lui montrer parmi les éventualités possibles la perspective de son élévation au
trône de France. Impressionné par des
nouvelles dont ni le duc ni moi n'avions la
moindre connaissance, l'Empereur se plut
à parler au jeune prince de la sensation
que produirait d'un bout à l'autre de la
France son apparition sur les frontières
de ce pays. « Tu n'auras pas plus tôt paru
sur le pont de Strasbourg que c'en sera
fait à Paris des d'Orléans. » Le duc,
brûlant déjà d'impatience, s'empressa de
me répéter ces paroles de l'Empereur, et
comme quoi ayant, lui, répliqué qu'il ne
mettrait le pied sur le sol de France que
rappelé par l'armée française, mais jamais
à la suite des baïonnettes étrangères,
l'Empereur n'aurait répondu à cela que
ces seuls mots : « François, que n'as-tu
quelques années de plus ! »

Son âme pliait sous toutes ces émotions comme sous un fardeau dont le poids s'augmentent de jour en jour. Parfois il disait : « Dussent les choses en venir à ce point qu'il me fallût même porter les armes contre l'Autriche et que je fusse victorieux, ce serait rendre un service à l'Autriche. » Un pressentiment que l'heure approchait envahit son âme et le poussa à chercher les moyens de fuir. Que ses projets de fuite pussent être mis à exécution, il croyait en voir un gage dans la réussite du coup de tête qui avait eu pour résultat la visite faite la nuit à la comtesse ***. Il était pénétré de son bon droit. « Après l'avortement de la tentative faite pour maintenir sur le trône la branche royale des Bourbons, disait-il, le fils de l'Empereur, de celui que toute l'Europe avait reconnu, le fils de l'archiduchesse Marie-Louise, n'offrait-il pas aux puissances des garanties autrement solides que le fils de Philippe-Égalité ? Et en admettant que les puissances se soient trouvées dans la nécessité de faire à la Révolution cette concession, ne savent-elles pas elles-mêmes que cette concession était vaine ? »

D'autres fois il pensait que l'heure viendrait trop tôt, non parce qu'il était trop jeune de quelques années, comme le craignait son grand-père, mais à cause de son peu d'expérience du monde, de son peu de savoir, et parce que son jugement n'était pas encore mûr. Ces impressions le minaient sourdement sans que je pusse m'y opposer ; je me voyais moi-même serré de tous côtés par les circonstances, et je sentais le terrain se dérober sous mes pieds ; aussi n'étais-je certes pas l'homme dont le duc aurait eu besoin dans ce moment critique. Je savais combien peu mes services pouvaient lui être utiles; je savais combien peu mes appréciations sur la situation véritable répondaient à ses désirs et à ses espérances. J'avais le sentiment que l'espèce de séquestration dans laquelle le prince de Metternich, lié de son côté par les engagements contractés à l'égard des puissances, tenait le duc, devait causer à celui-ci un chagrin dévorant et mortel.

A cette époque le prince de Metternich penchait fortement pour la guerre contre la France, et il y était résolu dans le cas où Louis-Philippe eût élevé la prétention de s'opposer à l'entrée de nos troupes dans les duchés italiens et dans les États de l'Église. Mais quelles étaient les arrière-pensées que nourrissait le prince dans l'hypothèse où l'on en viendrait à la guerre et où Louis-Philippe serait renversé? M. de Gentz lui-même jugeait que le prince était loin d'avoir des vues bien arrêtées quant à ces éventualités, et il m'était encore plus difficile, à moi, de me former une opinion sur ce point.

Mes rapports personnels avec le prince de Metternich se ressentaient de ceux que

j'avais avec le duc. Je n'en pouvais douter
depuis longtemps, et j'en acquis une
preuve décisive, précisément dans ce
temps-là.

Vers les premiers jours de mars, le
général de Langenau, qui jouissait auprès
du prince de la plus grande confiance,
et qui, d'autre part, me témoignait beaucoup de bienveillance, avait, d'accord avec
M. de Gentz et d'autres personnes, suggéré
au prince l'idée de m'envoyer à Paris en
mission secrète auprès de Louis-Philippe.
Le prince, qui jugeait que cette mission
avait une importance capitale pour arrê-
ter, en connaissance de cause, la conduite
qu'il devait suivre, rejeta tout de suite
mon nom. Pressé par M. de Gentz, il lui
avoua que j'étais trop engagé avec le duc
de Reichstadt pour que, dans le cas d'une
mission à Paris, je ne travaillasse pas
dans les intérêts de celui-ci. Cette déclaration ne me surprit pas. Elle eut pour
résultat de longs entretiens entre moi,

M. de Gentz, le prince Dietrichstein et le comte Kolowrat; ces conversations me fournirent de curieux éclaircissements et me permirent de m'expliquer bien des communications confidentielles que M. de Gentz m'avait faites dans le passé. J'appris de lui qu'à l'époque de la conférence de Châtillon, en février 1814, la concession par laquelle on laissait à la France ses frontières du Rhin, des Alpes et des Pyrénées, avait positivement paru au prince de Metternich moins regrettable que le renversement complet de la dynastie napoléonienne et le retour des Bourbons, mesures qui ne pouvaient conduire qu'à une alliance entre la France et la Russie, et qui constituaient ainsi un danger pour l'Autriche, l'Allemagne et la Porte. La tâche politique du moment aurait dû se borner à dépouiller la France des territoires conquis et à la ramener à un état de faiblesse suffisant pour qu'elle ne pût désormais rede-

venir puissance prépondérante. Dans l'opinion personnelle du prince, les puissances
n'avaient pas le droit de décider à quelle
dynastie il appartenait de régner en
France. Le prince regardait un arran-
gement avec Napoléon comme étant le
meilleur parti, et estimait qu'il était du
devoir de l'Allemagne et de l'Autriche
de prendre leurs précautions à l'égard de
la Russie. Mais les vues de l'Autriche
allaient à l'encontre de celles de l'Angleterre, de la Russie et de la Prusse. Ce ne
fut qu'après que Napoléon, à la suite de
ses victoires partielles, eut repoussé les
propositions de conciliation de l'Autriche,
qui voulait son maintien et celui de sa famille, que le parti des Bourbons, jusque-là
faible, parut au premier plan. Ce fut seulement alors que l'Autriche se soumit aux
trois puissances pour maintenir l'alliance,
et que le prince de Metternich se décida
en faveur des Bourbons, afin de donner le
trône à Louis XVIII, tout en tenant à l'é-

cart le duc de Berry, que l'empereur Alexandre voulait faire roi de France en le mariant avec la grande-duchesse Anna.

Le prince de Metternich n'ignorait pas les avantages que l'Autriche aurait retirés de l'élévation de Napoléon II au trône de France. Malheureusement les engagements contractés envers les coalisés le liaient, et il était tenu de les remplir, non-seulement en apparence, mais en toute loyauté. C'est ce que j'avais compris. Je pensais toutefois que le projet conçu primitivement, et qui sans aucun doute était le meilleur, pourrait revenir à flot, si des combinaisons quelconques, auxquelles le prince de Metternich demeurerait étranger, venaient à ouvrir au duc la voie du trône. L'élan avec lequel la France au retour de Napoléon de l'île d'Elbe, avait couru aux armes, son attitude vis-à-vis de Charles X, enlevaient toute excuse à l'anachronisme commis

par les puissances en 1814 ; d'autre
part, il n'était personne qui crût à la
durée du règne de Louis-Philippe.

J'étais décidé à rester, à tout prix, fidèle
au duc et à ne pas lui préparer l'amère
déception de voir qu'un ami à qui il avait,
avec une entière confiance, ouvert son
cœur, l'abandonnait, séduit par les fa-
veurs de la cour et l'espoir d'une brillante
carrière. S'il m'avait fallu choisir, j'étais
résolu à rompre plutôt avec le prince de
Metternich qu'avec le duc. M. de Gentz
approuva ma résolution ; il en fut de même
du prince Dietrichstein ; et le comte Kolowrat non-seulement ne m'en blâma pas,
mais au contraire me promit de m'appuyer auprès du président du ministère
de la guerre, le comte Giulay, à qui je
m'étais adressé pour qu'il me rétablît sur
les cadres de l'armée. J'étais on ne peut
plus désireux de m'expliquer une bonne
fois avec le prince de Metternich lui-
même. J'avais souvent essayé de le faire,

sans jamais cependant pouvoir y réussir.
Ce qu'il y avait d'équivoque dans ma
position vis-à-vis de lui me peinait. Lui,
si amical, si bienveillant dans la forme,
prêtant si volontiers l'oreille à toute explication, si tolérant à l'égard des opinions
d'autrui, quelque divergentes · qu'elles
fussent des siennes ; lui, enfin, si inaccessible à d'indignes soupçons, il m'a-
vait coupé la parole chaque fois que
j'avais fait mention du nom de Reichstadt. J'avais souvent entretenu M. de
Gentz, le comte Sedlnizki, M. de Pilat,
souvent aussi la princesse de Metternich elle-même, de mes rapports avec
le duc dans l'unique intention de leur en
faire comprendre la nature et pour que,
par eux, le prince pût s'en rendre exactement compte. Jamais le prince, avec qui
je passais fréquemment des heures entières, ne m'avait adressé une question à
ce sujet ; jamais il n'avait prononcé le
nom de Reichstadt. Maintenant qu'après

tant d'années durant lesquelles il semblait
avoir oublié l'existence du duc, le prince
ne pouvait plus affecter l'indifférence vis-
à-vis de celui-ci ; maintenant qu'on lui
prodiguait parfois imprudemment des
éloges; maintenant que l'on discutait dans
ses salons les chances d'avenir de cet
adolescent, que l'Empereur exprimait
publiquement ses vœux à ce sujet, que la
princesse Grasalkovich et d'autres dames
de la haute société étaient portées à voir
dans le fils de Napoléon un futur roi de
Pologne, que les partis en France et en
Italie mettaient en avant son nom, que
les démarches tentées dans ce sens auprès du prince ne pouvaient plus être
entièrement passées sous silence ; maintenant, dis-je, il me fallait apprendre que
le prince me blâmait dans le cercle intime de ses familiers et auprès de M. de
Gentz de ce que jamais je ne lui avais
parlé ouvertement de mes rapports avec
Reichstadt. Mais encore maintenant il ne

laissa pas échapper un seul mot faisant
allusion à ce sujet. J'appris par M. de
Gentz que le prince n'avait favorisé les relations du maréchal Marmont avec le duc
que pour réagir contre mon influence
exclusive, ou suivant sa propre expression, mon influence irritante. C'était là
une double erreur. Depuis plusieurs
mois les rôles étaient intervertis : le maréchal attisait le feu ; je cherchais, moi,
à calmer.

Le duc ne se faisait aucune illusion
sur les visées du maréchal, lesquelles tendaient tout à la fois à servir le prince de
Metternich, à forcer la main à Louis-
Philippe, à engager le duc vis-à-vis de
lui, le maréchal, et à se faire un titre de
l'amitié qui résulterait de ces relations
pour le cas où le fils de Napoléon viendrait à être rappelé en France. Le duc
ne voyait dans la personne du maréchal
qu'un moyen désiré de se faire connaître
de la France. Il était fermement résolu,

s'il parvenait à monter sur le trône de son
père, à ne plus se servir de lui. Cette éven-
tualité revenait souvent dans nos conversations. Cela n'empêcha pas que, lorsque
le maréchal eut fini ses conférences, le
duc ne lui fît cadeau de son portrait, peint
par Daffinger, en quoi il suivit principalement les conseils du prince Dietrichstein
qui lui-même avait choisi les vers que le
duc écrivit au-dessous. Ce portrait, d'a-
près ce que prétendait le prince Dietrichstein, passerait partout comme un témoignage d'amour du fils pour son père, témoignage d'autant plus caractéristique
qu'il aurait été donné à Marmont par le
duc lui-même.

Il ne paraissait pas y avoir une ombre
de changement dans la bienveillance personnelle du prince de Metternich envers
moi. Pour un observateur superficiel,
c'est à peine si l'on eût pu remarquer une
légère altération dans la confiance dont il
m'honorait. En apparence, toutes les dé-

pêches qu'il recevait étaient à ma disposition, et, d'autre part, il arrivait assez
fréquemment qu'il me lût les instructions
qu'il donnait de son côté. Qu'il y eût
bon nombre de lacunes dans ces communications, c'est ce que je conjecturai d'a-
près les confidences de M. de Gentz, qui
à leur tour ne contenaient jamais rien qui
eût trait aux efforts des bonapartistes. La
princesse surtout me traitait avec cordialité et me reprochait ma susceptibilité, ma
disposition à voir tout en noir et ma défiance à l'égard de son mari, de sorte
que j'étais souvent très-touché. Mais je
ne savais par quels moyens forcer le prince
à s'expliquer; d'ailleurs, le courage me
manquait, après tant d'essais infructueux.

Vers la fin de mars, à la suite d'une
longue conversation sur la situation des
affaires d'Italie, le prince me parla de la
nécessité de placer auprès du gouverneur pontifical à Bologne un représentant ayant pour instructions de faire

prévaloir l'influence et les volontés de l'Autriche, et il m'informa que l'Empereur et lui désiraient que je me chargeasse de cette mission temporaire. Je me déclarai prêt à accepter ce poste ; car j'espérai avoir ainsi une occasion de prouver que j'étais un serviteur dévoué de l'Empereur et capable de mener à bonne fin une mission qui n'était pas de peu d'importance.

Mais le départ était imminent. Nos troupes se trouvaient déjà à Bologne.

Le cardinal Oppizoni venait d'être nommé gouverneur des Marches et des Légations, et nous reçûmes avis qu'il avait déjà quitté Rome.

Le 31 mars, je fis ma visite d'adieu au duc. Il m'avait, peu de jours auparavant, adressé quelques lignes très-affectueuses, très-sincères et empreintes d'une profonde gravité. « Depuis le commencement de notre amitié, c'est aujourd'hui la première fois que nous nous séparons

pour longtemps, écrivait-il ; des jours pleins
d'événements s'écouleront peut-être avant
le moment où nous nous reverrons. Peut-
être aussi, à mesure que je compterai les
grains de mon sablier, l'avenir viendra-t-
il m'inviter à remplir de plus lourds devoirs ; peut-être encore les lois de l'honneur, la voix du destin exigeront-ils de moi
le plus cruel des sacrifices, en m'imposant
de renoncer aux plus ardents désirs de ma
jeunesse au moment même où la possibilité
de leur réalisation m'apparaissait parée des
plus brillantes couleurs. Quelle que soit la
situation que me réserve le sort, comptez
toujours sur moi ; la reconnaissance et
l'affection m'attachent à vous à jamais. Le
soin que vous avez pris de mon instruc-
tion militaire, la loyauté de vos conseils,
la confiance que vous m'avez accordée, la
sympathie qui existe entre nos caractères
vous seront un gage de ces sentiments...(1).

(1) Le passage supprimé par l'auteur est ainsi conçu :
« L'amitié ne regarde pas à la valeur matérielle

« ..... Souvenez-vous que vous fûtes
le premier qui m'ayez fait connaître le
prix réel du temps et qui m'ayez appris à
savoir attendre..... »

d'un cadeau reçu en souvenir, mais uniquement à
la valeur que lui donne le cœur. Prenez cette mon-
tre: c'est la première que j'ai portée; depuis six ans
elle ne m'a jamais quitté. Puisse-t-elle marquer
pour vous bien des heures heureuses! puisse-t elle
bientôt vous indiquer le moment où sonnera l'heure
de la gloire ?

« Si je comprends bien l'objet de la mission
que vous êtes appelé à remplir, il ne s'agit point
ici d'un poste digne de vos capacités. Quoi qu'il en
soit, pour vous, qui connaissez les hommes et qui
étudiez le monde, ce poste aura l'avantage de vous
fournir les moyens de pénétrer la véritable nature de ces mouvements révolutionnaires et leur
enchaînement, de juger des forces du pays dans l'a-
venir. De plus, vous foulerez ce sol classique, berceau d'une puissance et d'une grandeur presque
uniques dans l'histoire.

« J'écrirai sous peu à ma mère avec tout l'enthousiasme que m'inspire votre personne.

« Votre sincère ami,

« François DE REICHSTADT. »

Je pris congé du duc avec tristesse.
Nous nous fîmes mutuellement des cadeaux
d'amitié. Nous renonçâmes à toute idée
d'entretenir une correspondance, car nous
étions pénétrés de la conviction que nous
n'avions nul besoin de ce lien.

Je quittai Vienne dans les premiers
jours d'avril. Le duc menait un genre de
vie qui se bornait presque entièrement à
l'accomplissement de ses devoirs militaires.
Le dessein de l'envoyer à Prague fut re-
pris, puis encore une fois abandonné. Il
devait plus tard aller à Brünn ; mais il
resta à Vienne, où il fut appelé à faire
partie d'un régiment hongrois d'infan-
terie, en garnison dans cette ville. En
sa qualité de lieutenant-colonel, il eut
sous ses ordres un bataillon, il en dirigea
tous les exercices, ne s'absentant presque
jamais de la caserne et du champ de
manœuvre. Il était plein du zèle le plus
ardent, et personne ne se doutait que sa
santé pût en souffrir, bien que parfois

sa voix se brisât dans sa poitrine. Il
ne vint non plus à la pensée de personne qu'il n'était pas juste que ce jeune
homme, dont on voulait faire pour l'Autriche un autre prince Eugène, consacrât,
comme le plus vulgaire des officiers, des
années entières à faire manœuvrer un régiment, mais qu'il fallait estimer ses
jours à plus haut prix. Le docteur Malfatti, une des célébrités médicales de l'époque, se permit des remontrances, et l'Empereur tempéra le zèle du duc; mais il
n'était pas facile de faire plier la volonté
de fer de cet adolescent. Il s'irritait contre
sa constitution physique, voulait forcer
son corps à lui obéir ni plus ni moins que
les chevaux qu'il domptait pendant les
exercices d'équitation, auxquels il donnait
chaque jour plusieurs heures. L'influence
qu'il exerça sur les soldats allait jusqu'à l'enthousiasme. Un jour qu'il passait
en revue son bataillon, il arriva que
parcourant à cheval le front des lignes,

ainsi que me l'a raconté le capitaine
de Moll, l'air profondément grave de ses
traits juvéniles, son attitude martiale,
firent une si puissante impression sur les
troupes, accoutumées cependant à un silence complet et à une immobilité abso-
lue, qu'elles éclatèrent en acclamations
bruyantes et prolongées.

Au commencement d'octobre, nous
eûmes le plaisir de nous embrasser de
nouveau : ce fut au château de Schœnbrunn. Le duc occupait, depuis l'été, une
partie de l'aile ouest. Quant à moi, j'a-
vais mis pied à terre dans le voisinage, à
Hietzing, attendu que le prince de Metternich et M. de Gentz avaient pris leurs lo-
gements dans le pavillon qui est situé
près de la sortie du jardin de Schœnbrunn.
Je trouvai le duc ayant assez bonne mine,
à peine un peu maigri, et mon impression fut qu'on le fatiguait par trop de
soins.

Ce qu'il lui fallait, c'était du mouvement,

de l'activité matérielle, afin d'étouffer le
feu qui dévorait son âme. Il me parut
décidément plus calme. Ses désirs étaient
restés les mêmes ; mais ses espérances
avaient diminué. Pendant le long intervalle où nous étions demeurés éloignés l'un
de l'autre, il n'avait aperçu briller à l'ho-
rizon politique aucun signe qui présageât
qu'en France on souhaitât sérieusement
son retour ; en Pologne, l'insurrection
n'était plus qu'une sédition ordinaire à la
veille d'être comprimée ; en Italie, les so-
ciétés secrètes seules s'agitaient encore, et
ce pays n'offrait aucune arène digne de
son nom. Ce nom, qu'il regardait comme
un héritage sacré, il le voyait pro-
faner en maint endroit par la Révolution.

Moi-même, je n'avais pas alors de plus
amples renseignements, si ce n'est que je
savais que les membres de la famille Bonaparte, sans autre but que de fomenter
des troubles, prenaient part aux soulève .

ments impuissants qui avaient lieu en
Italie, et que le parti qui en France
s'efforçait de renverser les d'Orléans
était la faction républicaine et non le
parti napoléonien. Je devais supposer, en
raison de l'ignorance où j'étais, que si le
dernier de ces partis existait plus ou moins
répandu dans le pays, il s'y trouvait dans
un état de complète impuissance. Je
n'ignorais pas que des ouvertures avaient
été faites à Vienne, ni qu'elles avaient été
repoussées. Quant au nombre des adhé-
rents du parti napoléonien, à son importance réelle, au langage tenu à Vienne,
aux noms des membres ayant mission de
plaider cette cause, je n'eus connaissance
de toutes ces circonstances que lorsque la
vie du prince était déjà terminée et n'appartenait plus qu'à l'histoire. A l'égard
des noms de ces envoyés, hormis celui
d'un seul, Mauguin, homme de nulle valeur pour le duc, le prince de Metternich
ne crut pas à propos de les livrer au mi-

nistre qui dirigeait alors la politique
du cabinet de Paris, Casimir Périer, dans
les dispositions duquel il avait une grande
confiance. Au demeurant nous étions,
précisément à ce moment, en très-bons
termes, avec Louis-Philippe. Le 29 septembre, le comte Sebastiani avait accepté
nos propositions de désarmement général
sur la base du maintien des traités et de
l'abandon du principe de non-intervention;
il signa le 1er octobre, en compagnie des
ministres d'Angleterre, de Russie, de
Prusse et d'Autriche, le protocole en vertu
duquel, dans le laps de temps qui allait
s'écouler du 1er janvier au 1er mai 1832,
les forces militaires de toutes les puissances devaient être ramenées sur le pied
de paix. A mesure qu'ainsi le pouvoir de
Louis-Philippe s'affermissait, les chances
du duc devenaient moindres. Il le sentait
et se consumait au dedans. Mais moi, je
persévérais encore alors dans l'opinion
qu'après quelques années au plus Louis-

Philippe finirait par tomber, qu'une période d'anarchie succéderait, et qu'au
bout du compte le fils de Napoléon, appelé tout à la fois par la France et
l'Europe, monterait sur le trône. Donc
temporiser, ne pas faire un pas en ar-
rière, mais tendre vers ce but, tel fut
le conseil que je donnai au duc. Ma
manière d'envisager la situation ne me
permettait pas de lui en suggérer un
autre. Toutes les lettres qui arrivaient de
France s'accordaient à reconnaître que le
gouvernement de Louis-Philippe était
impossible. Le prince de Metternich lui-
même me disait le 14 octobre : « Louis-
Philippe sera englouti, et Henri V lui
succédera. » Je pensais à part moi :
Oui, il sera englouti ; mais, quant à
Henri V, ce ne sera là qu'un épisode de
l'anarchie qui s'ensuivra.

Le lendemain du jour où nous nous
étions revus, le duc m'écrivit les lignes
suivantes :

« Schœnbrunn, 2 octobre 1831.

« CHER AMI,

« Vous ne pouvez que difficilement
vous faire une idée de la joie que j'ai
éprouvée en vous revoyant hier d'une
façon si inespérée. Mon cœur débordait
d'allégresse, et j'étais moi-même étonné
de l'empire que vous avez sur lui. Que de
choses traversent mon cerveau par rapport
à ma situation, à la politique, à l'histoire,
à notre grande science militaire, qui con-
solide ou détruit les États, à tant de choses
qui auront tant besoin de vos lumières,
de vos connaissances, de vos conseils et
de votre jugement, pour atteindre à leur
complet développement! Que d'idées se
pressent dans mon esprit! Or, comme ici
c'est en quelque sorte un crime que de
nourrir des idées pareilles, je les refoule

au fond de mon âme, d'où c'est à peine si
elles en sortent de temps à autre. Mais,
cher ami, je vous tiens, vous, qui ne blâmez
pas la hardiesse de mes pensées..... Durant votre absence deux sujets m'ont
occupé de préférence ; l'un, c'est l'examen
de l'état politique de l'Europe et des mesures qu'on aurait pu mettre en œuvre
dans les conditions actuelles. Le bon sens
du commun des mortels en général doit
être satisfait de la façon dont les choses ont
été conduites. Mais c'est là une mesure
qui ne m'inspire que de la méfiance, quand
mon regard se porte vers l'avenir, et je
suis plus que jamais animé de la conviction que l'ordre véritable, qui repose sur
la sécurité de la propriété et du com-
merce, ne saurait être trop tôt obtenu,
fût-ce même au prix des plus grands sacrifices. Le second objet de mes méditations
a été la religion; mais ce point demande
trop de temps pour le traiter ici.

« Dans le cas où vous ne pourriez

m'envoyer tout de suite la réponse à cette lettre, mon valet de chambre ira la chercher demain matin sur les dix heures. »

J'ai reproduit ces lignes parce que les propres paroles du duc le dépeindront plus exactement que ne pourraient le faire celles d'un autre. Que ces lignes m'aient été adressées et qu'elles soient pour moi très-flatteuses, ce fait n'enlève rien à leur force démonstrative en ce qui concerne l'intelligence et le noble caractère du prince.

Pour les mêmes motifs, je fais suivre ici ma réponse. Le langage et la forme dont on pouvait se servir en écrivant à ce jeune homme de vingt ans permettent de conclure avec certitude au sujet de son caractère et de sa valeur.

« Mon cher Prince,

« L'effet qu'a produit sur vous, comme vous l'exprimez en termes si affectueux

et si bien tournés, le plaisir de nous revoir,
est tout à fait pareil à celui que j'ai ressenti moi-même. Seulement je suis vieux,
fatigué de la vie et en garde contre les
mouvements de la sensibilité. Jugez de la
force de mon attachement et de mon
amitié, en pensant qu'au contact du vôtre
mon cœur sent refleurir sa jeunesse et
renaître sa confiance.

« La Providence, pour laquelle il n'y a
pas de hasard, en faisant précisément
que nous nous soyons rencontrés, a peut-
être eu en vue un but grand et glorieux.
Puisse-t-il en être ainsi, et puissions-nous
nous trouver prêts ! Le nombre des hommes
qui ont été choisis pour parcourir le rude
sentier de l'action n'est pas considérable.
Chez vous, prince, la naissance, le sort,
les qualités, l'initiative naturelle, la force
de la volonté, en un mot, le cœur et la
tête font voir que vous êtes marqué de ce
sceau de prédestination.

« Les deux sujets qui vous occupent de

11

préférence sont les problèmes que les
penseurs ont agités de tout temps. Vous
êtes dès maintenant sur la voie qui vous
permettra de vous rendre compte de ce
qu'il y a de vrai à cet égard. Aussitôt que
vous serez d'accord avec vous-même sur
ce point, passez alors à la seconde question que voici : dans quelle mesure surtout
est-il possible de faire application du vrai,
et quelle proportion d'alliage le pur ar-
gent de la vérité exige-t-il pour pouvoir
être frappé et avoir cours ? C'est en abordant cette seconde question que la sa-
gesse des plus sages échoue si souvent,
et tous les malheurs de l'époque découlent
de cette source. Plus d'un homme supé-
rieur s'imagine semer du froment et ne
cultive que de l'ivraie ; bien des gens
veulent offrir aux nations et aux individus un breuvage de vie, et leur tendent
une coupe empoisonnée. Platon et Socrate
se bornèrent à la première question ; César
et Napoléon furent obligés d'aborder la

seconde, et ils succombèrent tous les deux
à la tâche, l'un assassiné et l'autre abandonné par les siens, parce que l'orgueil
des peuples et des individus se refuse à
supporter le mélange qu'il faut joindre à
l'idéal pour que celui-ci devienne un
principe vivifiant. La grande étoile po-
laire, c'est *le droit;* la grande base, c'est
l'opportunité. Si j'avais vécu au siècle de
César, j'eusse méprisé Brutus comme n'é-
tant qu'un insensé ; si j'avais été un
Français du temps de Napoléon, j'eusse
haï, comme coupables de lèse-civilisation,
M. Lainé et tous ces forgeurs de systèmes
libéraux qui l'ont pris pour modèle.

« Que de points, prince, n'aurions-
nous pas à discuter ! Épanchez tout votre
cœur dans le mien, fait pour vous comprendre. L'échange des idées est ce qui
développe notre vie individuelle. Je compte
aller vous voir fréquemment, sans cependant choisir des heures fixes comme par le
passé, ce qui, dans ma conviction, dé-

plairait à plus d'un et aurait pour résultat
de nous créer des entraves. Je pourrai
donc vous faire visite surtout ici, soit tous
les deux jours, soit chaque jour, pendant
les heures de la journée. Demain j'irai
vous faire la visite d'étiquette. Je dois aujourd'hui me rendre à la ville.

« Mon salut le meilleur et le plus cor-
dial. »

Sa nature le portait à parler de la religion, bien que ce fût là un thème qu'il
évitait en général d'aborder. Il avait
été élevé dans les principes de la foi ca-
tholique la plus orthodoxe, observait scru-
puleusement les pratiques du culte, ne
tournait jamais en ridicule ni les céré-
monies ni les doctrines religieuses ; au
contraire, il témoignait un grand respect
pour les unes et les autres : ce qui prouvait
la maturité de son jugement. Mais, ainsi
que j'eus souvent occasion de le remarquer, il n'avait trouvé et, en raison de sa
jeunesse, il ne pouvait trouver ni appui ni

consolation dans sa croyance. Un jour
qu'il s'étendait sur ce sujet avec plus de
calme et plus de suite dans ses réflexions
que d'habitude, il manifesta le regret de
ne pas être du nombre des personnes
pieuses qui puisent dans leur résignation
la consolation et le bonheur. Il parlait
de la nécessité de la religion, parce qu'elle
a été chez tous les peuples et dans tous
les siècles la base fondamentale de toute
organisation politique. « Je partage, dit-
il, la manière de voir de mon père, telle
qu'elle est relatée par Las Cases à la date
du 7 juin 1816. A la vérité, je ne puis
nier que l'hypocrisie de ceux dont les actions s'accordent si mal avec l'esprit de la
religion n'ait été souvent pour moi une
source de pensées affligeantes ; mais, d'un
autre côté, je suis d'avis que la religion
est notre bâton de pèlerin, et que nous
ne pouvons nous appuyer sur un sou-
tien plus solide dans notre marche à
travers la nuit de cette vie terrestre.

L'exemple de mon grand père en fait
foi. »

Il se leva alors, courut à un petit
meuble de luxe, y prit un livre, en déta-
cha, avec un touchant empressement, une
page et me la remit en prononçant ces
mots : « Prenez cela en souvenir de cette
heure. » Je pris cette page. Elle avait été
placée en tête d'un recueil des « Hymnes
sacrées d'Albach », et l'on y lisait écrit
de la main de l'Empereur : « Dieu veuille
en toute grave circonstance de ta vie,
dans toutes les luttes, t'accorder lumière
et force : c'est là le vœu de tes aïeux, qui
te chérissent. » L'Empereur et l'Impératrice avaient inscrit leurs noms au dessous.

Notre entretien roula encore sur un autre point, important eu égard à son âge. Il
me raconta avec une noble candeur comment, de toutes les femmes qu'il avait ren-
contrées dans le monde, aucune n'avait
fixé son attention au delà d'une journée,
aucune n'avait touché son cœur ni même

parlé à son imagination juvénile. Les
comtesses *** et *** l'attiraient plus que les
autres par leur beauté et leur amabilité. La
nature s'éveillait chez ce jeune homme
de vingt ans. Il me parlait souvent de
ses impressions avec le ton de la plus pure
innocence. Jamais il ne se serait exprimé
avec cette franchise, s'il eût été dans
des rapports plus intimes avec le beau sexe.
Il se serait trahi par son embarras ;
mais il était de mœurs vraiment honnêtes.
Le sang de la jeunesse bouillait dans
ses veines, voilà tout. Ainsi, dans le
courant de l'hiver, son frère du second lit,
le comte Gustave Neipperg, désira le
mettre en relation avec une très-aimable
artiste du théâtre de la cour, Mme Peche.
C'était une jeune et belle personne, d'une
réputation irréprochable. Le duc pouvait
trouver en elle ce que je souhaitais pour lui,
une femme de cœur et d'esprit, qui l'aurait
encouragé et lui aurait inspiré une noble
ambition. Une liaison de ce genre aurait

formé pour lui une heureuse distraction,
l'aurait empêché de broyer du noir au
sujet de son avenir et de son passé, eût
réveillé en son âme l'énergie vitale. Mais
elle ne sut pas le captiver. Lorsqu'il alla
la voir, en compagnie du comte Gustave,
elle le reçut comme si elle se fût attendue
à cette visite. Cette confiance en elle-
même le choqua, et il ne retourna plus
chez elle. Cela se passait vers la fin de
décembre 1831. Au mois de janvier suivant, il tombait malade de la maladie
dont il ne devait plus se relever. La
malveillance cynique d'un monde qui,
du portrait du fils du grand empereur,
faisait dans ses moindres traits une caricature, a exploité, aussi à cet égard, la
crédulité publique et poussé la fausseté
jusqu'à attribuer sa mort prématurée à
ses prétendues relations amoureuses.
Comme si les soucis de son existence
n'eussent pas suffi à alimenter le feu secret qui le consumait! On a aussi affirmé

qu'il entretenait une liaison avec la belle
danseuse Fanny Elssler. Or, le duc ne
lui a jamais parlé. Ce qui avait donné
naissance à ces commérages, c'est qu'on
avait quelquefois vu le chasseur qui était
à son service entrer dans la maison où
demeurait Fanny Elssler; mais le chasseur y venait parce que M. de Gentz
et moi nous avions chez la danseuse une
chambre qui nous servait de cabinet de
travail ou de lecture, et que ce domestique, certain de m'y trouver le plus souvent, m'y apportait les courtes missives
du duc ou venait me prier de passer
chez celui-ci. Les goûts du jeune prince et
les pensées qui l'absorbaient ne laissaient
guère de place à autre chose qu'aux fu-
gitives impressions que le beau sexe pro-
duisait sur lui.

Pendant les mois de décembre et de
janvier, il se montra singulièrement abattu.
Les soirs je le trouvai plus d'une fois
gardant presque un morne silence; il

avait pris en dégoût ses travaux les plus
chers. L'espérance désormais ne semblait
le stimuler que peu ou point. Son isolement avait encore augmenté. Son entourage n'offrait aucun aliment à sa pensée,
et à la cour il n'y avait que l'Empereur
chez qui il sentît vibrer un cœur sensible ;
quant aux archiducs, surtout l'archiduc
Jean, qui le plus souvent était absent, il
ne les voyait que rarement. Ses relations
d'amitié avec le comte Maurice Esterhazy
n'avaient pas cessé, même après que le
comte fut envoyé à l'ambassade de Naples.
Mais le comte Maurice Dietrichstein, par
étroitesse d'esprit, avait coupé court à
la correspondance qu'ils entretenaient.
Comme par le passé, le duc épanchait
sans réserve son cœur dans de fréquents
entretiens avec l'Empereur. Il l'aimait à
cause de ses sentiments affectueux, de sa
douceur et de la juste appréciation qu'il
montrait de sa situation et de ses espérances. Souvent l'Empereur lui traçait

un tableau de la situation politique de l'Europe, sincèrement, telle enfin qu'elle lui apparaissait, et ce monarque sembla regretter plus d'un fait accompli dans le passé.

Cette confiance de l'Empereur apportait un soulagement au duc ; mais elle ne lui présentait aucun terrain solide pour y trouver un point d'appui. Il caressa plus d'une fois dans ses rêves le projet de quitter secrètement Vienne, de paraître tout à coup en France ; mais ce n'était là, en effet, qu'un rêve, car il ne savait certes pas que l'accueil lui serait réservé dans ce pays.

Durant ces longues journées d'hiver, je vis s'augmenter en lui non pas la soif des distractions, mais la sombre mélancolie qui bien des fois dégénérait en une irritabilité nerveuse dont il se rendait maître aussitôt qu'un tiers survenait. Marmont était complétement usé pour lui. Le duc le traitait toujours avec la même courtoisie ; mais il lui était devenu importun.

Parmi les hommes d'un certain âge, il n'y avait que le prince Dietrichstein pour qui il conservât une estime inaltérable.

Vers le milieu de janvier, il lui fallut résigner son commandement militaire, car ses forces physiques étaient dans cette saison déjà insuffisantes pour les devoirs de son grade. Dans les derniers jours du mois il ressentit quelques légers accès de fièvre, auxquels il n'attacha que peu d'importance, mais qui parurent menaçants à son médecin. Il était fatigué de corps et d'esprit, et il renonçait sans peine aux plaisirs de la société, aux réunions du grand monde, où jadis il aimait d'ordinaire à se montrer. Ainsi il déclina une invitation à un bal que donna, le 21 janvier, le maréchal Maison, bien que le prince de Metternich eût déjà annoncé que le duc y assisterait. L'Empereur l'avait laissé libre de s'y rendre ou non. « Qu'irai-je faire chez l'ambassadeur de Louis-Philippe, dont le gouvernement a décrété

contre moi le bannissement et la proscrip-
tion? dit le duc. Tous ceux qui seront
présents à ce bal ne pourraient m'y voir
sans en rougir, et quels seraient en même
temps mes propres sentiments? »

Les complications politiques en Italie
furent cause que vers le milieu de février
on m'envoya pour la seconde fois en
toute hâte avec une mission diplomatique
à Rome. Je quittai le duc sans le moindre
pressentiment que nous allions nous sé-
parer pour la vie. Dans notre dernier
entretien, il me déclara encore une fois,
avec la plus entière franchise, que son
devoir filial et sa mission plus que ses
désirs le poussaient vers la France, qu'il
était décidé à attendre patiemment le
moment qui lui permettrait d'entrevoir les
moyens de monter, avec chance de s'y
maintenir, sur le trône de son père; il
ajouta que ni ses convictions, ni ses espérances, ni ses résolutions ne changeraient,
mais qu'elles ne l'entraîneraient pas non

12

plus à des actes de témérité ou à des expé-
ditions aventureuses. Louis-Philippe, dans
sa pensée, devait devenir chaque jour plus
impossible. Il espérait que tout le terrain
que perdrait celui-ci serait autant de
gagné non pour les représentants des idées
républicaines, mais pour le parti des
grands souvenirs de l'Empire, pour le parti
de l'ordre, de l'honneur et de la puissance
de la France. Il me serra dans ses bras et
me pria d'être en tout lieu son vaillant
champion. Il me fit cadeau, au moment
du départ, de sa propre épée, sur laquelle
il avait fait graver son nom. Je me sépa-
rai de lui comme d'un jeune ami et pénétré de sa destinée et de ses nobles aspirations. Je le remerciai de la confiance
qu'il avait eue en moi, confiance qui n'aurait pu fleurir et se maintenir dans un
sol, c'est-à-dire dans une âme, moins
noble. Qu'y aurait-il eu d'étonnant que
mes rapports quotidiens avec le prince de
Metternich, que le duc, avec infiniment de

justesse, reconnaissait comme étant forcé-
ment son adversaire résolu, lui eussent
inspiré de la méfiance à mon égard? Jamais je n'aperçus chez lui la moindre
trace de ce sentiment. C'est ce dont je tins
à le remercier. Il en parut presque surpris et s'écria : « Dans votre cœur comme
» dans le mien, il n'y a pas de place pour
» d'aussi misérables calculs. »

A Rome, une affaire dont j'étais chargé,
la formation d'un corps de troupes suisses,
me mit en rapports fréquents avec le colonel prince Pompeio Gabrieli, que la cour
de Rome avait, de son côté, député précisément pour la même affaire. L'épouse de
ce prince était la fille de Lucien Bonaparte, cette même Charlotte Bonaparte
qui avait refusé la main du roi Ferdinand
d'Espagne. Je la voyais quelquefois, car
mes relations avec Reichstadt étaient connues et établissaient un lien entre nous.
Ce ne fut que peu de temps avant mon
départ de Rome que je me trouvai en

rapports plus intimes avec elle ; ce jour est
marqué dans ma vie par les plus profondes
émotions. Je venais en effet, après avoir ter-
miné l'affaire en question, d'être rappelé
par une dépêche du prince de Metternich,
que j'avais reçue en même temps que
la nouvelle de la mort de mon vénéré
ami, M. de Gentz. J'allai faire ma visite
d'adieu au colonel Gabrieli. La princesse
Charlotte profita de cette occasion pour
me demander si je ne voyais aucun incon-
vénient à rendre visite à la mère de Napoléon, madame Lætitia. Ayant répondu
que non, elle me dit que madame Lætitia avait manifesté un vif désir de faire la
connaissance de l'ami de son petit-fils,
qu'elle avait osé espérer que je compren-
drais et approuverais ce sentiment de sensibilité si conforme à la nature humaine,
mais qu'elle avait longtemps hésité à me
faire parvenir sa prière à ce sujet. Je répondis qu'en cela elle avait eu tort et
méconnu le cœur de mon empereur, à

qui l'amour d'une grand'mère pour son
petit-fils ne pouvait paraître qu'un sentiment aussi naturel que sacré, et qu'il me
saurait certes mauvais gré de le supposer
indifférent au cri du cœur. Il fut arrêté
d'avance que la princesse Charlotte me con-
duirait le lendemain chez madame Lætitia.
En effet, le lendemain, 21 juillet, la princesse vint me prendre chez moi, et me
mena dans sa voiture place de Venise, où
était le palais qu'habitait la mère de Napoléon. Nous trouvâmes dans l'antichambre son secrétaire, Rovaglia, et deux
dames; l'une d'elles, d'après ce que j'appris, était originaire de la Corse; l'autre,
française et fille d'un colonel du génie.
Les portes s'ouvrirent sur un sombre et
vaste appartement, richement meublé,
au plafond élevé; d'épais rideaux, cachant
en partie les fenêtres, ne laissaient pénétrer qu'un faible jour.

La princesse entra la première; je la
suivis lentement; je vis alors se lever d'un

12.

sofa, en s'appuyant sur le bras de Charlotte, une noble et vénérable matrone de
quatre-vingt-quatre ans, à moitié aveugle,
presque paralytique, vêtue de noir de
la tête aux pieds. Elle me salua, puis
se laissa retomber sur le sofa et m'invita à m'asseoir auprès d'elle. Elle me
dit alors de la voix la plus douce du
monde beaucoup de choses bienveillantes,
dans un français incorrect, mais avec
assurance et en termes très-bien choisis.
Je n'hésitai pas à l'entretenir du duc. Je
lui dis tout ce que je savais et pensais à son sujet : ce qu'elle écouta avec
une émotion et un attendrissement qui
ne firent qu'augmenter. Elle m'inter-
rompait par de fréquentes questions ; et
plus je descendais à des détails qui ne
pouvaient avoir de l'intérêt que pour une
mère, plus aussi elle trouvait des traits
de ressemblance entre le caractère du
duc et celui du père. Elle me raconta
comment son fils Napoléon avait, lui aussi,

dans son enfance, la conception lente et l'intelligence paresseuse, comment il faisait souvent le désespoir de ses maîtres, comment, lui-même s'en affligeait et comment, un jour qu'il était revenu à la maison avec un bon certificat, il en fut si fier qu'il s'assit dessus dans l'attitude d'un conquérant sur son char de triomphe.

Je la tranquillisai, en lui assurant que le duc était traité avec les égards qui lui étaient dus : ce qui fut un grand soulagement pour son cœur. Je cherchai aussi à calmer les appréhensions que faisait naître chez elle la maladie de son petit-fils, au sujet de laquelle, elle et moi, nous ne savions guère que ce qu'on en pouvait lire dans les journaux, c'est-à-dire peu ou rien qui fût de nature à faire conclure à un dénoûment si fatal et si rapproché. M'écrire à Rome, le duc ne le pouvait sans en demander l'autorisation. Je compris qu'il préférait garder le silence. Je n'avais donc pas le moindre pressentiment de l'état où il se trouvait.

C'est de la meilleure foi du monde que je trompai la noble femme. Elle se souvenait avec attendrissement et tristesse, et me parla longuement de la dernière fois qu'elle avait vu et embrassé à Blois « le roi de Rome »; puis elle me raconta sans amertume qu'elle avait écrit à plusieurs reprises à Marie-Louise et même au duc, mais que ses lettres étaient restées sans réponse.

Elle résuma ensuite tout ce qu'elle avait ressenti, pensé et souhaité par rapport à lui, en une seule phrase, qui fut le mot d'adieu et qu'elle me confia pour lui, ce cher objet de ses affections et de celles de toute la famille : « Qu'il respecte les dernières volontés de son père ; son heure viendra et il montera sur le trône paternel. »

Puis elle se leva et se fit conduire auprès du buste du duc placé à côté de celui de son père. Elle me montra l'un et l'autre, ainsi que ceux de ses autres fils, disant quelques mots à l'adresse de chacun d'eux. Elle s'arrêta le plus longtemps devant les bustes de Lucien et de Joseph. Elle prononça quelques paroles pleines d'une amère tristesse à propos de Marie-Louise ; puis elle chercha des cheveux de Napoléon, qu'elle voulait que j'emportasse avec moi pour le duc ; mais elle ne les trouva pas. Elle me promit encore pour le soir son propre portrait en miniature pour son petit-fils bienaimé. « Sur le revers il trouvera, dit-elle, une boucle des cheveux de son père. »

Je lui baisai la main et me disposai à partir ; mais elle me retint et sembla faire un suprême effort pour se redresser. Sa personne me parut grandir, et un air de majestueuse dignité l'enveloppa. Je sentis ensuite qu'elle tremblait ; ses deux mains se posèrent sur ma tête. Je devinai son intention et pliai le genou.

« Puisque je ne puis arriver jusqu'à lui,
dit-elle, que sur votre tête descende la
bénédiction de sa grand'mère, qui bientôt quittera ce monde. Mes prières, mes
larmes, mes vœux seront avec lui jusqu'au dernier instant de ma vie ; por-
tez-lui ce que je dépose sur votre tête,
ce que je confie à votre cœur. »

La princesse Charlotte la soutint. Je
me relevai alors ; elle m'embrassa et demeura longtemps penchée silencieusement
sur moi. Nous la conduisîmes vers le
sofa. Je lui baisai encore une fois la main
en prononçant des paroles que me suggéra
le cœur, et je la laissai enfin aux mains
de Charlotte.

Dans la soirée, quand je me rendis
chez le colonel Gabrieli, j'y trouvai Rovaglia. Il me remit le portrait de madame Lætitia en miniature, et au revers
de cette peinture étaient renfermés des
cheveux de Napoléon ; il me remit aussi
un second écrin avec deux miniatures

adossées et représentant, l'une, le fils
de Lætitia du temps où il était premier
consul ; l'autre, sa fille Caroline, la veuve
de Murat. Le lendemain, il passa à
mon domicile et m'apporta une boîte
à jeu en *vieux laque* avec des jetons
en nacre, dont chacun portait une *N*
surmontée d'une couronne impériale.
Elle avait été apportée à madame Lætitia
de Sainte-Hélène par le général Mar-
chand : c'était un présent offert à l'Empereur par l'amiral anglais Malcolm,
lors de son retour de Chine. L'Empereur, pendant ses soirées à Sainte-
Hélène, avait l'habitude de se servir de
cette boîte pour jouer au jeu de l'hom-
bre (1). Madame Lætitia se promettait de

(1) O'Meara parle en effet de cette boîte dans
ses Mémoires, sous la date du 9 juillet 1817 ; mais
il la donne comme venant non pas de l'amiral
Malcolm, mais de lord Elphinstone, qui en aurait
fait présent à l'Empereur en témoignage de sa reconnaissance pour l'humanité avec laquelle l'Empereur avait fait soigner le frère de ce lord, le
capitaine Elphinstone, qui avait été blessé et fait
prisonnier la veille de la bataille de Waterloo.

joindre à ces objets d'autres souvenirs; mais
mon départ ne lui en laissa pas le temps.
Je m'engageai à remettre au duc le tout
fidèlement.

A Bologne, je reçus, comme un coup
de foudre, au moment même où je mon-
tais en voiture pour continuer mon
voyage, la nouvelle on ne peut plus inat-
tendue de la mort du duc, qui avait
rendu le dernier soupir le 22 juin à cinq
heures du matin, au château de Schœn--
brunn. J'en demeurai comme paralysé
pendant le reste de la route. Le lieu et le
jour de l'année étaient les mêmes où, en
1821, le colonel Foresti avait annoncé au
duc, alors âgé de dix ans, la mort de son
père. Arrivé à Vienne, j'allai voir les personnes qui l'avaient assisté à ses derniers
moments, les médecins, les officiers de sa
suite. L'autopsie eut bientôt révélé les
causes de sa mort. Les poumons étaient
resserrés dans un espace trop étroit ; de là
un développement anormal, dans toutes

les directions, qui avait amené par suite la décomposition de l'organe. J'appris que le duc avait langui tout le printemps jusqu'aux premiers jours de l'été, en dépérissant peu à peu comme l'arbre malade d'où la sève se retire, mais sans que jamais il eût trahi par un seul mot la moindre appréhension pour sa vie. La famille impériale, d'après ce que l'on me raconta, l'avait entouré de soins affectueux. En mai, il s'était rendu plus tôt que de coutume au château de Schœnbrunn, de sorte que les appartements qu'il habitait d'ordinaire ne se trouvèrent pas encore prêts. Il alla donc s'installer dans l'aile opposée, la même que Napoléon avait occupée pendant l'été de 1809. La fièvre avait des intermittences. Il pouvait alors se promener en plein air, à cheval ou en voiture. Mais, après un refroidissement qu'il avait pris au Prater, la toux se déclara.

Dès ce moment il lui fallut passer son

temps dans les étables, obéissant en cela
aux prescriptions du docteur Malfatti. Ce
médecin, homme d'esprit, de connaissances
très-étendues, d'une grande amabilité
dans ses manières et l'un des praticiens
les plus en vogue dans le grand monde de
Vienne, était propriétaire, à Hietzing,
d'une jolie villa où le duc lui rendait visite de temps en temps. A l'époque où
ces visites avaient lieu, le duc était encore
en bonne santé et paraissait d'une hu-
meur presque enjouée; il en fut ainsi jusqu'au commencement de juillet. A mesure que se rapprochait la crise dont il ne
devait pas se relever, il souffrit d'une manière continue, néanmoins sans cesser
d'espérer et de se bercer de l'espoir de se
rétablir complétement. C'était là une illusion que ne partageaient d'ailleurs pas
les personnes de son entourage. La veille
encore du jour fatal, il exprimait, au sujet d'un voyage à Naples qu'on lui faisait
espérer, la crainte que sa voiture ne fût

pas prête à temps. Mais dans les moments
de souffrance, il invoquait à grands cris
la mort : « Ah ! la mort ! la mort ! Seule
la mort peut me guérir ! » Sa mère fut
mandée en toute hâte. Il l'accueillit avec
calme.

Le 22 juillet, vers quatre heures du matin, pris d'un violent accès de douleur, il
s'écria : « Je me meurs ! Appelez ma mère !
Ma mère ! » Marie-Louise vint et tomba
à genoux aux pieds du lit, qu'entouraient
l'archiduc François-Charles, le docteur
Malfatti, les capitaines de Moll et Standeiski, et un petit nombre de serviteurs.
Un peu avant cinq heures, il retourna deux
fois la tête — et ce fut fini. On emporta la
mère sans connaissance. La chambre et
le lit étaient ceux-là mêmes où Napoléon
avait la première fois rêvé à son mariage
avec Marie-Louise.

Le peintre Ender fit le portrait du duc
reposant sur son lit de mort. Il était là,
revêtu de l'uniforme de son régiment,

ayant à son côté le sabre dont il ne se
sépara jamais durant sa carrière si tôt
interrompue. C'était une lame de Damas
que son père avait rapportée d'Égypte ;
Marie-Louise en avait fait cadeau au fils,
le jour où celui-ci était devenu capitaine
aux chasseurs, et le fils la porta ensuite
dans le fourreau d'ordonnance établi ré-
glementairement pour les grenadiers,
corps dans lequel le duc servit en dernier
lieu en qualité de lieutenant-colonel. Ce
sabre avec les deux fourreaux, de même
que les livres relatifs à son père que nous
avions lus ensemble, m'étaient destinés,
d'après ses dernières volontés.

L'archiduchesse m'envoya, dès mon
arrivée, le précieux sabre ; les autres objets me furent remis par le comte Maurice
Dietrichstein.

Les cadeaux qu'on m'avait chargé de
remettre au duc comme souvenir et que
j'avais apportés de Rome étaient entre mes
mains. Je n'avais pas voulu les confier à

la poste italienne à mon passage par Pa-
doue, et j'étais, en outre, sûr qu'ils seraient
parfaitement appréciés à Vienne. Je fis en
sorte, par l'intermédiaire du comte Maurice Dietrichstein, qu'ils arrivassent aux
mains de l'Empereur, qui me loua, avec
une bienveillance toute paternelle, de ma
conduite envers Madame Lætitia, conduite
que notre ambassadeur à Rome avait jugée
rien moins que favorablement. Confor-
mément aux ordres de l'Empereur, j'écrivis
à la princesse Charlotte pour qu'elle voulût bien s'enquérir, dans les circonstances
actuelles, des intentions de Madame Læti-
titia touchant les souvenirs en question. La
princesse me répondit, au nom de la noble
matrone, en me priant de renvoyer les
portraits et les cheveux, mais de garder
l'étui à jeu en souvenir de l'heure de
bonheur qu'elle m'avait due la veille de la
mort du duc. L'Empereur veilla à ce que
ce double désir fût obéi. Il fit renvoyer
les objets demandés et me fit remettre

l'étui, que je léguerai à mes enfants comme
un précieux souvenir.

Peu de jours après mon arrivée à Vienne,
je rencontrai à Dornbach, chez le prince
Joseph Schwarzenberg, le comte Montbel. Le comte s'avança vers moi avec un
empressement plein de cordialité, et me
fit part de son intention d'écrire la vie du
duc. Certes, que le ministre de Charles X
voulût devenir le biographe du fils de Napoléon, c'était là un jeu du hasard bien
fait pour m'étonner. Cependant, quand je
connus l'homme plus intimement, je compris cet enchaînement de circonstances.
Le comte de Montbel était un Français de
convictions strictement monarchiques ;
il honorait dans Napoléon l'homme qui
avait dompté la Révolution, et il s'était
attaché aux Bourbons, comme à l'ancre
de salut après la chute de l'Empire. Je
fus surpris d'apprendre de sa bouche que
le prince de Metternich lui avait conseillé
de s'adresser à moi dans les termes sui-

vants : « Causez-en avec Prokesch : personne n'a mieux connu et compris le duc
que lui ; vous pouvez accepter sans réserve
tout ce qu'il vous dira de celui-ci, comme
étant l'expression de la vérité, sans calcul
d'aucune sorte. » Je pris, le lendemain,
la route de Bade pour témoigner mon
étonnement au prince de Metternich. Je
lui rappelai qu'il ne m'avait jamais permis de lui parler du duc, qu'il avait repoussé avec une répugnance non équivoque les nombreuses tentatives que j'a-
vais faites dans ce sens, qu'il s'était op-
posé à ce que je fisse partie de la maison
du duc, malgré les désirs et la prière de
celui-ci, et je lui avouai la stupé-
faction que m'avait causée la révéla-
tion que venait de me faire le comte de
Montbel. Le prince me répondit avec
bienveillance : « Je n'ai jamais douté de
vos sentiments ; mais, comme je vous
connais et comme je connaissais le duc,
je voyais dans vos relations un danger

pour vous et pour lui. Je vous retirai donc
ma confiance en tout ce qui concernait
le duc. Je ne vous croyais pas assez
fort ri l'un ni l'autre pour résister à
des tentations qui étaient soutenues par
les sympathies de l'Empereur lui-même.
Je ne voulais pas, tandis que je prêtais
l'oreille à vos confidences ou que je vous
en faisais moi-même, vous placer dans
la fausse position d'un homme qui, tout
en m'étant dévoué, n'en aimait pas
moins sincèrement le duc. Racontez à
Montbel tout ce qui peut être à l'honneur du duc. »

Cette noble et franche réponse amena,
de mon côté, des explications plus détail-
lées sur certaines circonstances parti-
culières de mes rapports avec le duc.
Dans le cours de cette conversation,
j'eus lieu d'être, pour mon compte,
étonné plus d'une fois. Je racontai au
prince l'affaire de la lettre de la comtesse
Camerata, et la façon dont nous avions

accueilli ses ouvertures, convaincus que
la police était au courant de tout.

Le prince se mit à rire et appela dans
son cabinet le ministre de la police, comte
Sedlnizky, qui se trouvait dans la chambre voisine : « Racontez-nous de nouveau
ce que vous venez de me dire. » Je vis
peint dans les traits du comte un étonnement qui ne fit qu'augmenter, si bien
qu'il finit par dire : « Je ne savais pas
un seul mot de toute cette aventure ;
vous m'avez au mieux informé que je ne
l'étais. » Nous dînâmes avec le prince.
Après le repas, le prince, désirant m'expliquer les motifs de sa réserve à mon
égard, me raconta qu'au moment où
Louis-Philippe monta sur le trône, il
se forma une conjuration parmi les généraux de la vieille armée de Napoléon,
dans le but de placer la couronne sur la
tête du duc. — Figurez-vous, me dit-il,
que le général Belliard étant venu à
Vienne pour me notifier l'avénement de

Louis-Philippe, et lui et moi étant assis
en face l'un de l'autre autour d'une
petite table, dans mon cabinet de travail,
j'avais dans le tiroir de cette même
petite table, sans qu'il s'en doutât, l'original de la pièce qui avait été signée
par lui, par le maréchal Maison, par
le commandant de Strasbourg, par tous
les généraux enfin sous les ordres des-
quels étaient les troupes échelonnées sur
toute la ligne jusqu'à Paris, document
par lequel les conjurés s'engageaient à
conduire le duc de Reichstadt en triomphe à Paris. Cette pièce confidentielle
me venait du duc d'Otrante, Fouché, qui
avait entrepris de me décider à laisser
le duc s'évader de Vienne, et qui prenait
l'engagement de le faire parvenir, sous
son égide, sain et sauf à Strasbourg.
Joseph Bonaparte avait la main dans
le complot. »

« On me pressa d'abord afin d'avoir,
par écrit, l'assentiment du duc ; et voyant

que je ne cédais pas, on me menaça de
la République. Si je vous avais à ce
moment mis dans le secret, vous vous
seriez enfui avec le duc, et l'un et l'autre
vous auriez couru à votre perte, car
ceux qui contrecarraient les projets na-
poléoniens étaient positivement les plus
forts. Mais vous auriez placé l'Autriche
dans une situation des plus compromet-
tantes vis-à-vis de l'Angleterre, de la
Russie et de la Prusse. Fouché renouvela ses démarches avec insistance. Il
me dépêcha son fils, le marquis d'Otrante,
qu'il avait fait entrer en qualité de secrétaire à la légation de Suède, en lui
donnant des instructions secrètes, dont
le ministre comte Loewenhielm n'avait
pas la moindre connaissance. Fouché
promettait, du moment où il s'agissait
de Napoléon II, que la France donnerait
toutes garanties de paix et d'amitié, et que
les pouvoirs de l'État seraient constitués
de telle sorte que l'autorité cesserait d'être

un vain mot, et que le monstre de l'anarchie serait à tout jamais dans l'impossi-
bilité de relever sa tête hideuse. Il me
fit soumettre une ébauche du projet de
constitution de l'Empire restauré. Une
feuille de papier, et rien de plus ! »

« Il était de mon devoir de poser cette
question : « Quelles garanties donnez-
vous au duc de Reichstadt touchant
l'avenir qui l'attend? » Il me fut répondu : « L'amour et le courage des
Français élèveront un rempart autour
de lui. » Mais six mois ne seront pas
écoulés qu'il sera au bord du précipice,
répliquai-je. Faire du bonapartisme sans
un Bonaparte, est impossible. Bonaparte lui-même serait-il aujourd'hui en
position d'accomplir quoi que ce soit
dans cette orageuse mêlée de gens, dont
la vanité grotesque ne laisse pas intactes,
vingt-quatre heures durant, les plus
hautes réputations, dans cette mêlée où
tous les coryphées des partis, après avoir

survécu à leur propre popularité, jettent toute renommée en pâture à la risée de la presse et où chaque acteur, salué à son entrée en scène par des acclamations, est ensuite, que ce soit justice ou effet de l'envie, sifflé à outrance ? Napoléon avait reconstruit la nouvelle société avec les débris de l'ancienne. La France met sa gloire à réduire en poussière jusqu'aux débris qui jonchent son sol : c'est là sa spécialité. Je devais donc, quelle que fût l'insistance qu'on apportât à renouveler ces propositions même durant la maladie du duc, les repousser dans l'intérêt de celui-ci, abstraction faite de tous les autres motifs déterminants. »

J'exprimai au prince ma reconnaissance de sa réserve et de sa discrétion, qui, selon toutes probabilités, nous avaient alors sauvés, le duc et moi, et je lui avouai sans détour que si l'occasion de fuir s'était présentée, la prudence aurait eu vraisemblablement peu de part dans nos décisions.

« Je ne crois pas, ajouta le prince en manière de conclusion, que le duc, à supposer que l'Europe entière se fût tue en présence du rétablissement de la dynastie napoléonienne, eût pu se maintenir au delà d'une année, sans se lancer dans la voie périlleuse des guerres. »

J'eus quelques mois après la confirmation de ces tentatives du parti napoléonien par un des agents de Joseph Bonaparte même, le peintre Goubeaud. Celui-ci était venu à Vienne, peu de jours avant la mort du duc, en apparence dans l'intention de faire son portrait pour Joseph Bonaparte. Il devait demander, à cet effet, l'autorisation de Marie-Louise; mais ce ne fut qu'après la mort du duc qu'il fut admis à présenter ses hommages à l'archiduchesse. Il était porteur d'un écrit de Joseph à l'adresse du duc, et passait pour être un des instruments les plus dévoués aux chefs de la conspiration. Il m'affirma, en janvier 1833, que l'armée et le ministère avaient été

gagnés, et que si le duc se fût, par quelques
lignes de sa main, montré disposé à se
déclarer, c'en eût été fait de Louis-Philippe. Le commandant de Strasbourg l'eût
sur-le-champ proclamé sous le nom de
Napoléon II.

Si je n'avais pas entendu de la bouche
même du prince de Metternich que le
peintre Goubeaud était bel et bien venu à
Vienne porteur de propositions de la part
de Joseph Bonaparte, je ne lui eusse pas
fait l'honneur d'ajouter la moindre foi
à ses récits, tant l'homme me paraissait insignifiant, un vrai conspirateur
de pacotille. Et pourtant la mission qui
lui était confiée ne tendait à rien moins
qu'à emmener, si c'était possible, le duc
lui-même à Strasbourg, ou, tout au moins,
à emporter son adhésion en rentrant en
France. Il resta, après la mort du duc,
plusieurs mois à Vienne sans être molesté,
et y exécuta un tableau représentant le
duc à son agonie, œuvre assez médiocre.

En dehors du capitaine de cavalerie de
Moll et du valet de chambre de Jonge,
personne ne consentit à poser devant lui.
Dans le tableau en question, le chapelain
du château est agenouillé au pied du lit,
Marie-Louise évanouie ; l'archiduc François, le comte Hartmann, le capitaine
Standeiski sont debout, à proximité ;
M. de Marschall se tient près de la porte,
le chevalier de Moll à quelques pas de
ce dernier ; la pendule marque l'heure
de la mort.

Je donnai au comte de Montbel, en
puisant dans mon journal, dans ma correspondance avec le duc, enfin dans ma mémoire, toutes les informations que je crus
à propos de lui communiquer. Il me lut,
avant de les envoyer à Paris pour l'impression, l'introduction qu'il avait esquissée,
ainsi que les premiers chapitres ; mais
il n'en fut pas de même pour la continua-
tion. La publication traîna en longueur.
Je craignis que cette œuvre, semblable à

un miroir qui dénature les images qui
s'y reflètent, ne présentât pas le portrait
fidèle du duc. Cette considération et
mon affection me décidèrent alors à rédiger le *Mémoire sur le duc de Reichstadt,* qui parut à Fribourg, chez Herder.
Dans mon idée, le penseur y trouve-
rait un ample sujet de méditation, en
même temps que j'élevais un monument sur
la tombe prématurément ouverte de ce
prince infortuné. Je donnai lecture de ce
travail au prince de Metternich sur le
manuscrit même. Il l'approuva, sauf qu'il
proposa de taire le nom de l'auteur dans le
titre et de le remplacer par ces mots : « par
un de ses amis. » C'était là d'ailleurs mon
intention ; car je ne me dissimulais pas sur
quel terrain on se trouvait placé à Vienne.

La présente publication n'a donc pour
objet que de compléter celle qui l'a pré-
cédée, et de démontrer que j'avais été en
droit de la faire.

J'ignore de quelle façon on accueillit

14.

en France le travail de M. de Montbel.
Les dispositions de l'esprit public à l'époque où il fut publié, et le passé de l'écrivain,
ne pouvaient être favorables à son œuvre.
Celle-ci exigeait que l'auteur fût une
personne au courant des circonstances et
dans une position indépendante. Or une
personne pareille n'existait pas et ne
pouvait pas exister alors en Autriche. Ce
n'en est pas moins un sentiment bien naturel et digne d'éloges que celui qui
poussait un Français, jeté à Vienne par le
flot révolutionnaire, à recueillir des souvenirs qui constituent une des pages
indispensables à l'histoire de la France.

Le prince de Metternich fit faire une
traduction en allemand de l'œuvre de
Montbel. Elle fut publiée chez Weygand,
à Leipzig, en janvier 1833. J'y ai collaboré
par quelques rectifications et des détails
complémentaires.

Des bruits, n'ayant aucun fondement,
d'un empoisonnement, que l'on imputait

aux agissements de Louis-Philippe, circu-
lèrent après la mort du duc. Le prince de
Metternich pensait que cette mort avait
eu son point de départ dans un affaiblisse-
ment naturel, provenant du développement
physique, et le rapport sur l'autopsie
publié par le docteur Malfatti répondait
en effet à cette opinion. Le rapport disait
vrai, mais n'expliquait pas les causes
primordiales de l'état de choses qu'il
signalait. Le prince a succombé au chagrin
qui le dévorait et qui était le résultat de
sa situation et de l'inactivité à laquelle
étaient condamnées ses plus nobles facultés.
Il m'est impossible de renoncer à la conviction qu'une jeunesse heureuse et active
aurait contribué pour beaucoup à fortifier
le corps, et que l'arrêt qu'a subi le développement des organes a été le résultat
des souffrances morales. J'ai assez connu
cette âme, pour comprendre que ses tourments aient dû briser le corps; mais j'avais
rejeté bien loin l'époque de la crise fatale,

et je m'étais plu à espérer qu'un revirement salutaire dans la destinée de cet infortuné jeune homme surviendrait à temps pour reculer l'heure de sa mort.

Ce n'était pas tant parmi le peuple qu'au sein des soi-disant classes cultivées qu'on avait imaginé la fable d'après laquelle on aurait soigneusement caché au jeune prince pendant des années le nom et le sort de celui à qui il devait le jour. On pouvait voir suspendu au-dessus de son lit le portrait de son père peint par Gérard. Dans sa bibliothèque, on trouvait des rangées entières de volumes qui ne parlaient que de son père. Ni le malheur, ni sa naissance illustre ne purent le protéger, même pendant son enfance, contre la médisance d'ignobles détracteurs et contre la suffisance des ignorants. Souvent son regard s'arrêtait avec tristesse sur les nouvelles que propageaient à son sujet les feuilles quotidiennes. Il voyait par là à quoi tient sou-

vent le jugement des contemporains et
des organes de l'opinion publique. Mais
ceux mêmes qui se trouvaient avec lui
en rapports suivis, le méconnaissaient à
beaucoup d'égards.

Plusieurs, surtout à la cour, blâmaient,
à tort, le duc d'être peu *communicatif*.
Il n'en était rien; car il éprouvait plutôt
un très-vif besoin d'épancher son âme. Sa
taciturnité provenait en partie de ce qu'il se
sentait peu compris par ceux qui l'entouraient. On le disait *capricieux*, *entêté*, parce
qu'il ne se prêtait pas à de mesquins calculs, à de certaines exigences, et qu'il ne
renonçait pas toujours à soutenir son opinion, quand elle était en désaccord avec
celle d'autrui. On l'accusait d'être *dissi-*
mulé, comme si un seul parmi ceux qui
hasardaient ce reproche pût se glorifier
d'être sincère, et comme si les relations
ordinaires de la société actuelle reposaient sur autre chose que sur l'art de
dissimuler ses propres pensées, ses senti-

ments, ses désirs et ses vues. Il n'était
pas assez naïf pour dire ce qu'il voulait
taire, ou pour tomber dans les piéges
qu'on lui tendait. C'était un caractère franc
sous tous les rapports, qui se trouvait
de force placé dans une situation impossible. On prétendait qu'il était *défiant :*
singulier reproche à un homme dans sa situation ! Est-ce que tous les bavardages
à mon endroit avaient ébranlé sa confiance en moi? Vraisemblablement, les
avertissements, malveillants pour moi, de
gens bien intentionnés ne lui manquèrent
pas. Il connaissait le cas qu'il devait en
faire.

Un jour qu'un de ses camarades de jeu,
qu'il savait lui être dévoué sans arrière-
pensée, lui insinuait de ne pas se fier à
moi, que fit-il ? Il me donna la main, me
raconta tout, me pressa sur son cœur en
s'écriant : « Ces gens-là ne vous connais-
sent pas ; mais moi, je vous connais. »
Pourtant je passais alors pour être en

faveur auprès du prince de Metternich, et
bien peu de personnes croyaient possible
que qui que ce fût osât se permettre
d'entretenir des relations avec le duc
sans l'assentiment du prince ; aussi soup-
çonnait-on une entente secrète entre ce
dernier et moi, et ne se faisait-on pas
faute d'en prévenir le duc.

Cette atmosphère de basses intrigues,
c'est à peine s'il l'entrevoyait bien loin
au-dessous de lui. Nous nous tenions
dans des régions plus élevées, la main
dans la main, les yeux dans les yeux et
nos âmes l'une à l'autre mêlées, poursui-
vant notre route vers l'idéal. Jamais de
pareils commérages n'éveillèrent chez le
duc le plus léger soupçon. Jamais il n'a
eu l'injustice de me demander des éclaircissements sur ma double situation vis-à-
vis de lui et vis-à-vis du prince de Metternich, et jamais non plus je n'ai prononcé
un mot ayant trait à cette situation mal
définie. Tout au plus je le consolais, lors-

qu'à propos de ces bavardages il croyait devoir me plaindre.

Et j'aurais pu déserter la cause de ce noble jeune homme? Je remercie la Providence de m'avoir fourni dans ma modeste sphère l'occasion de n'avoir pas sacrifié l'amitié du cœur à la faveur des puissants.

Il était dans son amitié aussi sincère qu'affectueux, et n'avait guère besoin de protestations et de marques de dévouement. En novembre et en décembre 1831, mes visites avaient été moins fréquentes que par le passé. Mes relations avec M. de Gentz et les préoccupations de mon prochain mariage se partageaient mon temps. Il arriva donc que je restai plusieurs jours sans le voir ; il m'en fit la remarque en termes pleins de tendresse. Ainsi il m'écrivait, le 28 novembre :

« J'ai trouvé hier, à mon retour du théâtre, où j'avais assisté à un des plus jolis opéras que j'aie jamais entendus, une carte qui m'annonçait la visite d'un ami dont la conversation m'eût été plus chère que l'audition de la plus harmonieuse des musiques. Si vous voyez cet ami auquel je dois tant de reconnaissance, veuillez l'assurer de mon plus profond dévouement et le prier de m'informer par quelques lignes s'il veut disposer en ma faveur de la soirée d'aujourd'hui, de demain ou d'après-demain. »

C'est en ces termes que le fils du grand Empereur, le roi de Rome, dont les monarques avaient entouré le berceau de leurs hommages, que des millions de Français avaient acclamé et que toute l'Europe avait salué comme l'ange de la paix, écrivait au pauvre fils de la Styrie, à un officier de rang inférieur dans l'armée autrichienne. N'est-ce pas là la pierre de touche de sa destinée ?

Encore quelques mots, et qu'ils soient comme un dernier adieu prononcé sur sa tombe, déjà presque oubliée dans le tu-

multe de l'impériale cité autrichienne !
Le désir ardent, qui fut pour ainsi dire
la vie même de ce jeune homme et qui
devait finir par le conduire au tombeau,
n'était pas le résultat du coupable égare-
ment d'une ambition illégitime.

Que les puissances qui avaient reconnu
dans des traités solennels son père
comme le souverain légitime des Français, l'aient ensuite traité, après ses dé-
faites, comme le représentant armé de la
Révolution, il n'en subsistait pas moins ce
fait qu'il avait dompté cette même Révolution, et que sa main puissante avait réta-
bli la loi et l'ordre dans cette France sortie
des gonds et boulversée de fond en comble.

Ce n'est pas lui qui avait renversé les
Bourbons ; il ne les avait pas trouvés dans
l'arène, lorsqu'il avait entrepris de recon-
stituer la société; et certes ce n'étaient pas
eux qui eussent été capables de le remplacer dans cette tâche de géant.

Ce n'est pas lui qui avait fait chanter

la *Marseillaise* à travers l'Europe. Souverain d'un empire dont la puissance était
excessive, mais où régnait l'ordre, il
avait succombé dans une lutte ouverte ;
puis il avait abdiqué et s'était enfin
livré de sa propre volonté entre les mains
de ses vainqueurs. Que de dynasties
dont l'origine est écrite dans l'histoire
en traits moins nobles et moins fiers ! Le
fils pouvait-il renoncer à ses prétentions ?

Ne devait-il pas se demander de quel
droit on faisait expier au fils les fautes du
père reconnu coupable? Ne devait-il pas
regarder le trône comme lui appartenant
par droit de naissance et d'hérédité? Quant
à moi, je ne pouvais penser autrement.

Les événements ont démontré depuis la
justesse de cette manière de voir, bien
qu'elle ait perdu par suite de la mort du
duc la base qui existait alors et qui lui
était indispensable.

Vingt ans à peine après sa mort, la
France était redevenue un empire napo-

léonien, l'Europe reconnaissait sous le nom
de Napoléon III un rejeton de cette famille, lequel, comme valeur, ne saurait
être mis en parallèle avec le fils de Napoléon Ier. Par là l'Europe accordait enfin à
ce fils dormant dans la tombe le titre de
Napoléon II, qu'elle lui avait refusé de son
vivant. Il est permis de se demander maintenant s'il n'eût pas été plus avantageux
pour l'Europe, et en particulier pour
l'Autriche, de n'avoir pas favorisé les
vaines tentatives de restauration de l'ancienne et de la nouvelle branche des
Bourbons.

« Ma naissance et ma mort, voilà donc
toute mon histoire », s'était un jour
écrié, dans un mouvement d'esprit prophé-
tique, le noble adolescent; mais en dehors
de sa propre histoire il en est une autre,
et celle-ci ne peut que regretter sa destinée et sa mort.

Paris. — Imprimerie de E. Brière, 257, rue Saint-Honoré.

Imprimé en France
FROC021201220120
23240FR00017B/322/P

9 782329 362991